DE LA NOTION

DE

JURIDICTION GRACIEUSE

EN DROIT FRANÇAIS

ÉTUDE CRITIQUE SUR SON ÉTENDUE

THÈSE POUR LE DOCTORAT

PAR

Alexandre LEFAS

AVOCAT A LA COUR D'APPEL

PARIS

LIBRAIRIE NOUVELLE DE DROIT ET DE JURISPRUDENCE

ARTHUR ROUSSEAU

ÉDITEUR

14, RUE SOUFFLOT ET RUE TOULLIER, 13

1896

THÈSE

POUR LE DOCTORAT

DE LA NOTION

DE

JURIDICTION GRACIEUSE

EN DROIT FRANÇAIS

ÉTUDE CRITIQUE SUR SON ÉTENDUE

THÈSE POUR LE DOCTORAT

L'ACTE PUBLIC SUR LES MATIÈRES CI-APRÈS

Sera soutenu le 19 juin 1896, à 8 heures 1/2

PAR

Alexandre LEFAS

AVOCAT A LA COUR D'APPEL

Président : M. ESMEIN,

Suffragants : { MM. GLASSON, RENAULT, } *professeurs.*

PARIS

LIBRAIRIE NOUVELLE DE DROIT ET DE JURISPRUDENCE

ARTHUR ROUSSEAU

ÉDITEUR

14, RUE SOUFFLOT ET RUE TOULLIER, 13

1896

A MON PÈRE

A LA MÉMOIRE DE MON AIEUL

TABLEAU DES ABRÉVIATIONS.

a.	article
c.	chapitre
C.	Code de Justinien
cit.	cité
col.	colonne
comp.	comparer
Dalloz	Recueil périodique de lois et arrêts de Dalloz.
Dig.	Digeste
Fragm. Vat.	Fragments du Vatican
ib.	citation précédente
in f.	vers la fin
in pr.	au début.
Inst.	Institutes de Justinien.
l.	livre
li.	ligne
lit.	lettre
loc. cit.	ouvrage et passage précédemment cités.
n.	note
n°	numéro
p.	page ou pages
s.	suivant ou suivants
sect.	section
Sirey	Recueil périodique de jurisprudence de Sirey
t.	titre
T.	tome
V.	voir
V°	au mot
358 C. c.	art. 358 du Code civil
» C. Pr.	» Code de Procédure civile
» C. com.	» Code de Commerce
2, 1, Dig.. 1,15 de off. proc.	loi 2, § 1 au Digeste, livre 1, titre 16, de officio proconsulis.

BIBLIOGRAPHIE DES PRINCIPAUX

OUVRAGES CONSULTÉS

Droit actuel

BERTIN. — Biographie de M. de Belleyme.   Paris 1863.

» Chambre du Conseil (annoté par Bloch et Breuillac).   Paris 1894.

» Exposé des motifs et projet de loi sur la Chambre du Conseil et les autorisations sur requête.   Paris 1876.

» Les ordonnances de référé.   Paris 1874.

» Les ordonnances sur requête.   Paris 1875.

» Ordonnances sur requête (*Extrait de la revue critique de législation et de jurisprudence,* t. 43).   Paris 1876.

BOITARD. — Leçons de procédure civile (annoté par Colmet-Daage et Glasson).   Paris 1885.

DARROUY. — De la juridiction gracieuse des tribunaux civils, thèse.   Toulouse 1877.

DUCROCQ. — Cours de droit administratif.   Paris 1881.

FAVARD. — Répertoire de la législation du notariat.   Paris 1807.

GARSONNET. — Traité théorique et pratique de procédure civile.   Paris 1882.

HENRION DE PANSEY. — Œuvres : De l'autorité judiciaire.   Paris.

LAFERRIÈRE. — Traité de la juridiction administrative et
du recours contentieux.   Paris 1887.

MERLIN. — Répertoire de jurisprudence.   Paris 1828.

RAUTER. — Cours de procédure civile française.
    Paris 1834.

SAPEY. — Notice sur L. M. de Belleyme.   Paris 1863.

Droit ancien

D'ARGENTRÉ. — Commentarii in consuetudines Ducatus
Britanniæ.   Parisiis 1621.

AZONIS. — Summa excellentissimi juris...   Lugduni...

BARTOLI A SAXOFERRATO. — Commentaria.
    Augustæ Taurinorum 1589.

CUJACII. — Opera.   1758.

DOMAT. — Les Loix civiles dans leur ordre naturel,
    Paris 1723.

DONELLI. — Opera : De jure civili.   Romœ 1828.

DURANDI. — Speculum juris (cum Joh. Andreæ, Baldi, etc.
visionibus).   Francofurti 1592.

ESMEIN. — Etude sur les contrats dans le très ancien droit
français.   Paris 1893.
   «   Cours élémentaire d'histoire du droit français.
    Paris 1892.

DE FERRIÈRE. — Dictionnaire de droit et de pratique.
    Paris 1779.

GLASDON. — Histoire du droit et des institutions de la
France.   Paris 1893.

GUYOT. — Répertoire universel et raisonné de la jurisprudence civile, criminelle, canonique et
bénéficiale.   Paris 1783.

HEINECII. — Opera.   Genevœ 1771.

LOYSEAU. — Œuvres.   Paris 1678.

Noodt. — Opera : De jurisdictione et imperio.

Lugduni 1767.

Pothier. — Pandecta Justiniani.

Paris 1821.

Voet. — Commentarius ad Pandectas.

Hagœ-Tomitum 1726.

Droit romain.

Accarias. — Précis de droit romain.

Bethmann-Hollweg. — Der romische Civilprozess.

Bonn 1864.

Cuq. — Les institutions juridiques des Romains.

Paris 1891.

Dirksen. — Manuale latinitatis fontium juris civilis
romanorum.   Berlin 1837.

Esmein. — Mélanges d'histoire du droit et de critique
(droit romain).   Paris 1894.

P.-F. Girard. — Manuel élémentaire de droit romain.

Paris 1896.

«   Textes de droit romain.   Paris 1890.

De Jhering. — L'esprit du droit romain (Trad. de Meule-
naere).   Paris 1886.

De Keller. — De la procédure civile et des actions chez
les Romains (trad. Capmas).

Paris 1870.

De Lesparat. — Dictionnaire du Digeste.

Paris 1808.

Lichtenstein. — De in jure cessionis origine et natura,
thesis.   Berlin 1880.

Mommsen et Marquardt. — Droit public romain (trad.
Girard).   Paris, 1re édition.

PAULY-WISSOWA. — Real-Encyclopadie der classischen
          Alterktumswissenschaft.
                                        Stuttgard 1893.
PLANTEAU DU MAROUSSEM. — Essai sur la nature de
          l'émancipation en droit romain, thèse
                                        Paris 1887.
PUCHTA. — Institutionen (annoté par Kraüger)
                                        Leipzig 1893.
RUDORFF. — Romische Rechtcheschisgte.
                                        Leipzig 1857.

INTRODUCTION

> « Une question dépourvue de tout intérêt prati-
> « que, mais qui saisit l'institution pour ainsi dire
> « dans sa partie la plus sensible, dans sa racine,
> « peut être infiniment plus importante pour la con-
> « naissance exacte de cette institution que les
> « questions pratiques qui se renouvellent tous les
> « jours. La solution d'une seule question sem-
> « blable peut donner la clef de toute une série de
> « questions pratiques que l'on cherchait vaine-
> « ment à élucider d'une manière indirecte. »
>
> VON IHERING,
> (Esprit du droit romain, T. III, p. 77).

Que signifie le terme de juridiction gracieuse, employé dans notre droit par opposition à celui de juridiction contentieuse?

La juridiction, dans l'acception commune, est le pouvoir de celui qui a le droit de juger (1). Quand à l'adjectif « gracieuse », certains lui donnent ici, comme synonyme, le mot « volontaire » (2). Dans tous les cas, son opposition à « contentieuse » fournit quelque aperçu de la distinction. L'on évoque, au regard des luttes judiciaires, une série d'actes non litigieux.

---

(1) Littré, *Dictionnaire de la langue française.*
(2) Merlin, *Répertoire de jurisprudence*, v° jurid. gracieuse, n° 1.

1

Là se bornent les renseignements que nous donnent les mots eux-mêmes. Nous recourons donc aux livres pour savoir ce que sont les actes non litigieux qui forment la juridiction gracieuse ou volontaire. Malheureusement, les auteurs ne sont pas d'accord sur ce point.

Merlin (1), Rauter (2), Henrion de Pansey (3) enseignent, au début du siècle, la division des actes de procédure civile en deux classes. Le contentieux comprend ceux dont le but est de vider en justice un différend. Les actes gracieux sont tous les actes qui, de leur nature, ont un autre but (4) : ceux qui sont faits sur la demande d'une seule personne ou de plusieurs d'accord entre elles, mais sans contradiction (5) ; ou encore, si l'on veut, les actes où il n'y a aucune contrainte ni possibilité de contrainte de la part d'une partie sur une autre (6). Tels l'adoption, l'émancipation, l'ouverture d'un testament olographe par le président du tribunal, l'envoi en possession d'un héritier testamentaire.

Une question qui les préoccupe, sur la foi d'anciens commentateurs (7), comme définissant la juridiction

(1) Merlin. *Rép.* V$_o$. juridiction gracieuse.
(2) Rauter, *Procédure civile,* n$_o$ 31.
(3) H. de Pansey, *De l'autorité judiciaire,* c. XVII.
(4) Rauter, loc. cit., p. 36.
(5) H. de Pansey, loc. cit., p. 534.
(6) Merlin, loc. cit., p. 104.
(7) Voët, Heineccius, d'Argentré : V. Merlin, loc. cit.

gracieuse, est la suivante. Le ministère du juge, qui exerce cette juridiction, est-il purement passif : exclut-elle, de la part de ce juge, toute recherche sur le bien ou mal fondé de la demande qu'on lui adresse? Henrion de Pansey et Merlin tiennent pour la négative : dans l'immense majorité des cas, le magistrat doit décider sur un examen préalable; seulement il peut, ici, faire usage de ses connaissances personnelles, tandis qu'en matière contentieuse il doit juger *secundum allegata et probata*. Rauter, lui, subdivise la juridiction non contentieuse en « volontaire proprement dite » et en « gracieuse », selon que son exercice n'exige pas ou exige que le « juge agisse en « connaissance de cause, c'est à dire avec appréciation « de circonstances de convenance et d'utilité » (1); et il cite comme exemples de la première l'envoi en possession de l'héritier testamentaire, et de la deuxième l'homologation d'une adoption.

C'est une divergence entre nos auteurs. Une autre s'ensuit. Tandis que Henrion de Pansey et Merlin ne parlent que d'actes accomplis par des magistrats de l'ordre judiciaire, Rauter pense que ceux-ci n'ont pas, de droit commun, l'usage de la juridiction volontaire. La mission véritable du juge est de trancher les différends : hors cela, il n'est compétent que d'une façon exceptionnelle, dans les cas qui lui sont soumis

(1) Rauter, loc. cit., p. 36.

par la loi. Les véritables titulaires de ladite juridiction seraient les notaires, et peut-être encore les officiers de l'état civil, les conservateurs des hypothèques et les receveurs de l'enregistrement. (1)

Arrivons à notre époque. En matière de procédure civile, les maîtres, les organisateurs de la juridiction gracieuse sont, pour la jurisprudence actuelle, MM. de Belleyme et Bertin. Ce dernier a signé les ouvrages les plus complets et les plus pratiques sur cette question. Or, suivant lui, l'accord des volontés sur tous les points susceptibles d'un débat ne suffit pas à rendre une affaire gracieuse. Sans quoi il serait loisible aux parties de violer les règles de compétence, qui sont d'ordre public. Elles pourraient, à la condition de s'entendre, porter à la décision des organes de la juridiction gracieuse, des affaires qui sont ou du ressort du Tribunal jugeant au contentieux, ou de la compétence d'officiers publics tels que les notaires. En fait, on a vu de tels empiétements se produire. Il importe, pour les éviter, de reconnaître la nature particulière des actes de juridiction gracieuse. Ce qui les caractérise au regard, soit des jugements, soit des actes extra-judiciaires, c'est que ce sont des actes « d'administra-« tion et de tutelle judiciaires » (2) :

« L'œuvre de la justice ne consiste pas seulement à « juger les différends qui s'élèvent entre les citoyens...

(1) Rauter, *Proc. civ.*, n°s 45, 157, (appendice), 421.
(2) Bertin, *Chambre du Conseil*, n°s 19 et s.

« Il existe, au sein de la société, une foule d'intérêts
« qui résident en des mains trop faibles pour les dé-
« fendre elles-mêmes. D'un autre côté, les droits et les
« intérêts des familles touchent souvent à des consi-
« dérations d'ordre public, qui ne permettent pas de
« les laisser agir sans surveillance et sans contrôle.
« Dans le premier cas, les magistrats exercent une
« sorte de tutelle judiciaire pour la conservation des
« droits appartenant à des incapables ; dans le second
« cas, ils sont appelés à sauvegarder les intérêts
« d'ordre public contre les atteintes qui pourraient y
« être trop facilement portées par les manœuvres et
« les combinaisons de l'intérêt privé. — Nous venons
« de tracer en peu de mots le cadre dans lequel vien-
« nent se placer, d'une part, les décisions relatives aux
« personnes ou aux biens des mineurs, des interdits
« etc. ; de l'autre, celles qui ont pour objet les formes
« de l'adoption, la constatation des naissances, ma-
« riages ou décès, la rectification des actes de l'état
« civil, etc., etc. (1). »

Ces actes de tutelle et d'administration, composant
la juridiction gracieuse, sont ceux que les lois attri-
buent, soit à la Chambre du Conseil des tribunaux civils,
compétente de droit commun en matière gracieuse (2),

______

(1) Berlin, *Chambre du Conseil*, introduction par M. de Belleyme, t. I, p. 17.

(2) Berlin, *Chambre*, nos 18 et 19. — Boitard *Proc. civ.*, no 35.
Favart de Langlade, *Répert.*, vo Chambre du Conseil. — Contrà

soit, exceptionnellement, à d'autres organes judiciaires : tels le Président du Tribunal, le juge de paix (1).
Mais ces magistrats ont également à statuer sur des
affaires contentieuses. Comme d'ailleurs leurs décisions sont qualifiées, par la loi, de « jugements »
et « d'ordonnances », dans tous les cas indistinctement (2), il nous faut découvrir le criterium des actes
de juridiction gracieuse. Or la nature de ceux-ci exclut
la contradiction. Il suit de là que le caractère, contentieux ou non, de la décision supprimé sera déterminé par la façon dont la demande est introduite. Si
elle est susceptible de contradiction, on devra procéder
par assignation ; si, au contraire, l'intervention du
magistrat est sollicitée par requête, la décision à venir
appartiendra nécessairement à la juridiction gracieuse, régie par des principes spéciaux » (3).

Ce système, très discuté et combattu à son appari-
tion, domine actuellement dans la jurisprudence. Il
soulève toutefois des controverses de détails et d'application (4).

Berriat St. Prix, *Tr. de proc. civ.*, T. I, p. 28, n. 43. Les Cours
d'Appel, la Cour de Cassation, les Tribunaux de Commerce, les
Conseils de Préfecture ont également une Chambre du Conseil
investie de certaines fonctions gracieuses. (V. Berlin, *Chambre*,
appendice T. II, p. 459 et s.).

(1) Berlin, *Projet de loi*, p. 10. — Boitard, *Proc. civ.*, 611.

(2) Berlin, *Exposé des motifs et projet de loi etc.*, p. 9 et s.

(3) Berlin, *Projet de loi*, p. 7 et 8. — Rauter avait signalé ce caractère (*Proc. civ.*, p. 36).

(4) Berlin, *Biographie de M. de Belleyme*, p. 73 et 74. — Berlin
Projet de loi, p. 11 et s.

Mais nous n'en avons pas terminé avec les diverses acceptions des mots « juridiction gracieuse ». En regard des civilistes, voici les interprètes du droit administratif, qui ont aussi leur définition spéciale. On a coutume, dans l'administration, d'opposer au recours contentieux, attaquant un acte administratif comme mal fondé et contraire à un droit (1), le recours gracieux qui prie l'autorité de prendre en considération, vis-à-vis de ses droits ou de l'intérêt général, de sérieux intérêts particuliers (2). Le sort de cette requête est naturellement laissé à la discrétion de l'autorité ; elle fait ou ne fait pas grâce ; il lui est même loisible de ne pas répondre (3). C'est une simple réclamation fondée sur ce qu'un acte d'administration pure peut toujours être rétracté, tant qu'il n'a pas donné naissance à un droit acquis. Aussi ne constitue-t-elle ni chose jugée ni degré d'instance (4). Tel est en matière administrative l'objet de la juridiction gracieuse ou discrétionnaire (5).

(1) Ou à un intérêt consacré par la loi : V. Béquet, *Répertoire du droit administratif*, Vº Contentieux adm., nᶜˢ 491, 496 et s.

(2) Laferrière, Juridiction administrative, livr. prèl., c. I (T. I p. 5 et 6). Ducrocq, *Droit administratif*; nº 251.

(3) Laferrière, *Jurid. adm.*, l. II, c. VII, sect. 4 (T. I, p. 398).

(4) Béquet, *Rép. du dr. adm.*, vᵘ Cont. adm., nᶜˢ 489 et 490. — Block, *Dict. du dr. adm.*, vº Juridiction adm., nº 4. — On peut donc essayer de cette voie même en matière contentieuse, avant de porter l'affaire devant un tribunal : c'est le recours administratif ou hiérarchique.

(5) Ducrocq, *Dr. adm.*, nº 251.

On le voit, l'entente est loin de régner touchant le sujet qui nous occupe. Le domaine et la nature propre de cette juridiction varient, pour ainsi dire, suivant chaque auteur. Tout le monde, il est vrai, lui reconnaît le caractère non contentieux. L'on s'accorde aussi à limiter la distinction du gracieux et du contentieux aux affaires d'intérêt privé, laissant de côté les questions d'ordre public : pénal, disciplinaire, etc. Mais ces deux points ne suffisent pas à la définir, puisqu'ils laissent place à de telles divergences.

Et la loi ?

La loi ne fait usage nulle part du terme de juridiction gracieuse, ni même, à notre connaissance, de l'adjectif « gracieux ». Les épithètes « contentieux, non contentieux » sont seuls employés, pour qualifier des actes, dans quelques textes du droit administratif, et une seule fois en matière de procédure civile : dans le décret des 16-24 août 1790, titre III, art. 11. Ce texte confère au juge de paix une série de fonctions non contentieuses, en disposant qu'il connaîtra des difficultés auxquelles elles pourraient donner lieu. C'est tout. Les ressources sont donc minimes de ce côté (1).

Nos jurisconsultes ne cachent d'ailleurs pas que cette opposition du gracieux au contentieux est une tradition, continuée et renouvelée par eux. De Pansey

____

(1) Berlin, *Projet de loi,* p. 18 à 24.

et Merlin empruntent leur terminologie et leurs définitions aux commentateurs de textes romains. M. Bertin
croit également s'appuyer sur l'autorité de ce droit,
qui « a tracé la voie où doivent s'engager ceux qui
« veulent connaître, enseigner et pratiquer la vérité
« juridique » (1).

Puis donc que cette matière est toute traditionnelle,
il nous semble que le mieux à faire est de chercher dans
l'histoire des doctrines le fondement et la filiation des
théories que nous avons exposées. Par là, nous serons
plus à même de comprendre et de juger chacune
d'elles.

Un mot toutefois, avant d'entreprendre cet examen,
sur l'importance pratique de notre sujet. Elle se présente en procédure civile.

En droit administratif, la définition du caractère
gracieux, telle que nous l'avons donnée, (2) est accep-
tée de tous. Chez les civilistes, au contraire, nous
constatons des différences de vues et des polémiques
sur la notion de juridiction gracieuse.

Par suite, il est, tout d'abord, impossible de bien
délimiter l'étendue de cette juridiction. La distinction
du gracieux et du contentieux est parfois singulière-
ment délicate. La procédure de l'absence est déclarée
volontaire par Henrion de Pansey, contentieuse par

(1) Berlin, *Projet de loi*, p. 6.
(2) V. *suprà*, p. 7.
(3) Merlin, Rép., v°. jur. grac., p. 105.

Merlin (3), gracieuse par M. Bertin. L'on peut également se demander si l'entente des parties suffit pour revêtir un acte du caractère gracieux : c'est la question, très débattue, des jugements d'accord ou d'expédient. Ainsi encore on a voulu assimiler aux actes contentieux toute ordonnance du Président pouvant préjudicier à l'intérêt du requérant ou d'un tiers. M. Cazalens, auteur de cette doctrine, déterminait le caractère gracieux d'un acte par la nature de la chose demandée et de la décision rendue (1), tandis que M. Bertin s'en réfère aux circonstances de la demande. Ces contradictions touchant la nature d'un acte sont fréquentes dans la pratique (2), et nuisent à la bonne administration de la justice.

En second lieu, l'incertitude sur la notion de juridiction gracieuse empêche de déterminer exactement les règles applicables à cette juridiction. A la nature spéciale d'une institution doivent correspondre des règles et des effets particuliers. En effet, l'on nous en signale de notables quand à la procédure des actes gracieux. Quant à la forme, elle débute toujours par une requête, échappe à des formalités de lieu, de temps, voire de rédaction, etc. Quand au fond, la preuve est comprise autrement qu'en matière liti-

(1) Dalloz, 1875, p. 73, 105, 137.

(2) Une statistique, dressée en 1873 par M. Bertin, constate que, sur 24.787 affaires attribuées par lui à la Chambre du Conseil, 14.546 ont été appréciées par la juridiction contentieuse des tribunaux (Bertin, *Chambre*, T. I, p. 9).

gieuse ; la présomption dite de chose jugée n'existe pas. Mais à côté de ces points admis par tous, que de questions indécises. Pour n'en citer qu'une, celle des voies de recours ouvertes tant aux parties qu'aux tiers intéressés a soulevé les plus longues discussions. Sur 50 arrêts notés par les recueils de jurisprudence, M. Bertin signalait 24 décisions admettant l'appel contre 26 en sens contraire : « Toutes les « Cours ont (1), sur cette question, des arrêts contra-« dictoires. » Au sujet de l'opposition, les polémiques ne sont pas moins vives, surtout en ce qui concerne les ordonnances rendues sur requête par le Président.

C'est qu'en effet, nous l'avons dit, la loi ne parle nulle part de juridiction gracieuse ; et même, à la vérité, celle-ci n'existe guère dans nos codes « qu'à « l'état embryonnaire (2) ». Jusqu'en 1840, la question se posait surtout entre théoriciens. Mais un homme d'initiative, M. de Belleyme (3) la transporta dans le domaine de la pratique. S'étant rendu compte des besoins nouveaux apportés à notre époque, notamment par l'extension de la fortune mobilière et la multiplicité des transactions, il n'hésita pas à mettre en œuvre, pour y satisfaire, et même à compléter les

(1) Bertin, *Projet de loi*, p. 13 et s.
(2) Bertin, *Chambre*, T. I, p. 8.
(3) Nommé en 1829 à la présidence du Tribunal de la Seine. — V. Bertin, *Chambre*, T. I, p. 5.

indications que lui fournissaient nos lois (1). Ainsi fut renouvelée l'administration judiciaire. L'organisation actuelle de la Chambre du Conseil, la juridiction des référés et des ordonnances sur requête sont en grande partie le fruit de ces efforts (2). Le résultat ayant été « non seulement de favoriser la meilleure et la plus « prompte expédition des affaires, mais encore de « mettre en lumière quelques principes utiles, jus- « qu'alors enfermés plutôt qu'exprimés dans les « dispositions du Code (3) », un autre praticien, M. Bertin, se chargea de les recueillir, de « faire sortir « des enseignements de la pratique, les conditions et « les règles d'une juridiction créée, mais non définie « par la loi ». (4) Ainsi fut établie régulièrement la juridiction gracieuse. — Mais on conçoit que de telles innovations n'aient pas toujours été facilement ad-

---

(1) V. Bertin, *Biogr. de M. de Belleyme*, p. 67 à 76 : « Si le législateur a indiqué cette juridiction, il est juste de reconnaître qn'elle a été vivifiée, ou plutôt qu'elle a été fondée par M. de Belleyme, qui seul a déterminé sa procédure, les règles de sa compétence, les moyens de solution aux graves et difficiles questions que la pratique soulève,.. (p. 76) ». Et ailleurs : « M. de Belleyme a brillé au Tribunal de la Seine plutôt comme administrateur que comme jurisconsulte (p. 87). » — V. également Sapey. *Notice sur M. de Belleyme*, p. 15 et 16. — De M. Bertin, plus réservé, on a encore pu dire que « le silence de la loi favorisait la hardiesse du commentateur. » (Discours de M. Barboux : Bertin, *Chambre*, T. I, p. 7).

(2) Bertin, Biogr. de M. de Belleyme, p. 69, 73.

(3) Bertin, *Chambre*, T. I, p. 20.

(4) Bertin, T. I, p. 21.

mises. Ajoutons que, parmi les objections faites à ces théories, plus d'une est certes embarrassante (1).

Peut-être nous trouvera-t-on mal venu à vouloir résoudre une question si grosse de difficultés pratiques. Assurément, l'expérience nous fait défaut. Mais la discussion se poursuivant depuis un demi-siècle sur ce terrain, nous pensons qu'il est suffisamment connu. Au contraire, nous croyons que ce qui manque le plus actuellement est une étude théorique de la notion de juridiction gracieuse : tout, en effet, peut se rattacher à ce point capital.

Vu le caractère purement traditionnel du sujet, cette étude comporte, avons-nous dit, une part historique. Elle doit fournir à la critique des renseignements nécessaires et des points de comparaison non moins précieux.

(1) V. notamment les critiques de MM. Cazalens et Bazot, et les réponses de M. Bertin, dans Bertin, *Ordonnances sur requête*, Extrait de la revue critique); et, sur les divergences de la jurisprudence, une statistique détaillée dans Bertin, *Chambre*, T. I, p.9.

CHAPITRE PREMIER

Un texte de Marcien nous révèle incidemment — à propos d'une question de compétence — qu'il existait à Rome une opposition « *voluntaria, contentiosa* » en matière de *jurisdictio*.

« *Omnes proconsules statim quam Urbem*
« *egressi fuerint habent jurisdictionem, sed non*
« *contentiosam, sed voluntariam: ut ecce manu-*
« *mitti apud eos possunt tam liberi quam servi et*
« *adoptiones fieri. Apud legatum vero proconsulis*
« *nemo manumittere potest, quia non habet juris-*
« *dictionem talem* (1). »

C'est de ce passage que les romanistes anciens, et, à leur suite, nos auteurs modernes, ont conclu à une vaste division des pouvoirs juridictionnels en deux branches, « ayant chacune son mode de procéder, ses règles spéciales, et produisant des effets diffé-

---

(1) 2, Dig. 1, 16 *de off. proc.*

rents (1) : » division caractérisée par la présence ou l'absence d'un litige (2).

Nous ne croyons pas que le droit romain, invoqué ici comme autorité de raison, ait donné à cette distinction l'étendue et le sens qu'on lui attribua depuis· Une étude attentive des sources nous porte à penser. 1° que le domaine de la juridiction volontaire était fort restreint, de façon que beaucoup d'actes restaient en dehors de l'opposition du volontaire au contentieux ; 2° que, par suite, la nature de cette juridiction doit être caractérisée autrement que par la simple absence d'un débat en justice.

Domaine de la juridictio voluntaria. — Que nous donne, en effet, le texte de Marcien ? L'épithète *voluntaria* avec le commentaire *non contentiosa*, et le terme *jurisdictio*, non défini. Rien de plus.

Ce dernier mot varie pourtant d'un sens très large à une acception beaucoup plus rigoureuse. Tantôt il paraît embrasser l'ensemble des pouvoirs du magistrat

_____

(1) Berlin, *Exposé des motifs et projet de loi etc* , p. 6.

(2) « Jurisdictio recte dividtur in voluntariam, quæ inter volentes et sine causæ cognitione exercetur, et contentiosam, quæ inter invitos et litigantes, cum causæ cognitione, exercetur. » Telle est la définition du commentateur Heineccius, définition reproduite par H. de Pansey, Merlin et M. Berlin, qui la prit même pour un texte romain (*Projet de loi*, p. 6) : erreur réparée seulement dans la dernière édition de la *Chambre du Conseil* n° 15).

en matière de procédure civile (1), et désigne successivement l'exercice de chacun d'eux (2). Tantôt il s'applique spécialement à la préparation d'un *judicium* (3). C'est ici le sens technique. On y oppose les actes de juridiction proprement dite à ceux qui relèvent de l'*imperium* (4), « puissance générale attachée aux hautes magistratures « (5), et à ceux qui procèdent d'attributions accidentelles, conférées aux magistrats par une loi spéciale (6). »

De quelle *jurisdictio* s'agit-il en notre espèce? Le jurisconsulte romain ne le dit pas. Mais une phrase d'Ulpien (7) vient heureusement l'indiquer.

« *Nec (apud legatum) adoptare potest : omnino*
« *enim non est apud eum legis actio.* »

Il apparaît clairement par ce contexte que la « talem jurisdictionem », qui, d'après Marcien, compète au proconsul et manque au *legatus*, c'est-à-dire la juridiction volontaire, se réfère à un pouvoir très particulier, celui d'organiser une *legis actio*. C'est *parce qu'il* n'a pas ce pouvoir que le légat ne doit pas présider à une adoption ou à une *manumissio*, et sur

---

(1) L. 1, Dig. 2, 1 *de jurisd.* —V. Accarias, *Précis*, T. II, n° 732.
(2) L. 8, § 18, Dig. 2, 15 *de transact.*
(3) 12, 1, Dig. 5, 1 *de jud.*
(4) 3 et 4, Dig. 2, 1 *de jur.* — 26, Dig. 50, 1 *ad mun.*
(5) Mommsen, *Droit public rom.*, T. I, p. 217, n° 2.
(6) Telle la *datio tutoris :* 6, 2, Dig. 26, 1 *de tut.*
(7) 5, Dig. 1, 16 *de off. proc.*

ce point le témoignage d'Ulpien est formellement corroboré par celui de Paul :

« *Apud magistratus municipales si habeant legis actionem, emancipari et manumitti, potest (1)* ».

La legis actio volontaire, dont il est question ici, était un mode d'acquérir certains droits. Elle consiste dans un procès fictif, intenté suivant la vieille procédure des *legis actiones*. Après entente préalable, les parties se présentent devant le magistrat : celle qui joue le rôle de demandeur réclame, comme s'il était contesté, le droit qu'elle veut acquérir ; celle qui joue le rôle de défendeur se tait ou reconnaît la prétention fondée. En cet état de choses, le magistrat doit faire *addictio* du droit au demandeur.

Ce procédé, connu encore sous le nom d'*in jure cessio*, servait principalement, en droit classique, à réaliser l'adoption, l'émancipation, l'affranchissement (2). Or ce sont ces mêmes actes que nous voyons toujours citer comme exemples de la juridiction volon-

---

(1) 4, Paul, 5,25.

(2) L'in jure cessio servait encore, quoique moins fréquemment, à l'époque classique, à acquérir d'autres droits, tels que la tutelle légitime, un droit de servitude, voire de propriété : V. Ulpien, 19, 9 à 15. — On peut établir des distinctions de détail entre ces diverses applications d'un même procédé : entre l'in jure cessio proprement dite et l'adoption, l'émancipation, l'affranchisement (Lichtenstein, *De in jure cess.*, p. 5); mais cela est sans intérêt à notre point de vue : « Si quid in iis diversum est... non est nisi leve additamentum, propria negotii natura datum... Quœ inter

taire (1). D'autre part les jurisconsultes rattachent l'exercice de cette juridiction à celui de la *legis actio* (2). Que faut-il en conclure, sinon que le domaine de cette *jurisdictio voluntaria* est précisément « la *legis actio* « en dehors de toute contestation » (3) ? Et en effet c'est bien ainsi que la critique moderne est unanime à la définir (4) et les textes ne permettent pas une autre interprétation (5).

Il est vrai que ces textes sont en très petit nombre, et fort brefs, comme on a pu le voir (6). Mais de cette rareté, de cette concision même nous tirons argument contre la doctrine des anciens commentateurs. Est-il croyable, si l'on accorde la même généralité et la même importance qu'eux à la division du volontaire et du contentieux, que le Digeste s'explique à peine et que le Code garde un silence absolu sur cette grande clas-

---

hos actus diversitates occurrunt, indolem negotiorum non tangunt » (ib., p. 38 à 39). Nous emploierons donc le terme d'in jure cessio au sens large, comme synonyme de legis actio volontaire,

(1) De Lesparat, *Dict^e du Dig.* v° juridiction. — Mommsen., *Dr. pub.*, T. III, p. 116, et, in f. T. V, p. 264.

(2) Accarias, *Précis*, T. II, p. 671. n. 3, et p. 648, n. 3. — Keller, *Proc. civ.*, p. 8.

(3) Puchta, *Institut.*, §. 158. (T. I, p. 461).

(4) Accarias, loc. cit. — Keller, *Proc. civ.*, p. 8. — Mommsen *Dr. pub.*, T. I, p. 218.

(5) V. infrà, p. 48 et s., les difficultés insolubles auxquelles se heurte la doctrine des romanistes anciens.

(6), « In Digestis attingitur voluntaria potius quam tractatur. » (Doneau, *De jur. civ.*, l. XVII, c. VIII, n. 15). — V. encore Dirksen, *Manuale latinitatis*, v° Contentiosus, § 3.

sification ? Notre opinion, elle, en rend compte : car à
l'époque classique *l'in jure cessio* était déjà une survivance antique, et son usage avait été singulière-
ment restreint en matière de transactions privées (1),
soit par l'emploi d'autres modes, soit par la disparition des droits qu'elle servait à acquérir. Au IVe siècle
la désuétude est complète, sauf en ce qui concerne
l'adoption, l'émancipation et l'affranchissement (2);
mais, pour ces actes même, Justinien abolit cette
forme surannée, et lui substitue une simple déclaration
des parties (3), enregistrée dans les archives du magistrat. La discrétion des auteurs classiques et le mu-
tisme des complications justiniennes à l'égard de la *ju-*
risdictio voluntaria s'expliquent dès lors à merveille.

Le domaine de la juridiction volontaire se borne
donc, selon nous, au champ de la *legis actio* volontaire.

Le contentieux, c'est au contraire le litige, le combat en justice. Ici rien ne nous limite au terrain des
legis actiones: car à l'époque classique cette procédure était depuis longtemps délaissée en matière contentieuse. (4)

---

(1) Gaius, 2, 26.

(2) Lichtenstein, *De in jure cess.*, p. 170

(3) 6, C. 8, 49 de manc. — 11, C. 8, 48 de adopt. — L'insinuatio
apud acta était usitée depuis longtemps pour authentiquer les
conventions privées. — Dès avant Justinien, la pratique avait
déjà substitué à l'in jure cessio un écrit, avec déclaration devant
le magistrat, pour l'émancipation et l'adoption. Esmein, *Mélan-*
ges, p. 413).

(4) Sauf peut-être devant le tribunal des centumvirs : Accarias.

Mais restent en dehors de cette opposition :

1° Tous les actes du magistrat qui n'appartiennent pas à la juridictiou civile, au réglement des affaires *inter privatos*. Il n'est question de juridiction volontaire ou contentieuse qu'à propos d'intérèts privés, représentés dans l'acte par une ou plusieurs parties. C'est au regard de celles-ci que la distinction est faite (1).

2° Parmi les actes de juridiction civile comportant l'intervention d'une partie, n'appartiennent pas à la jnridiction volontaire — contrairement à ce que pensait M. Bertin — un grand nombre d'actes où le magistrat peut intervenir en dehors de tout litige, tantôt en verlu de son *imperium*, tantôt en vertu d'attributions conférées par des lois spéciales : envoi en possession, stipulations prétoriennes, nomination de tuteur, décrets sur les aliénations de biens de mineur, sur la transaction à propos d'aliments laissés par testament, affranchissement réalisé par un minéur de 20 ans, etc.

Nature de la jurisdictio voluntaria. — Connaissant ce que les Romains apppelaient actes de juri-

---

Précis, T. II, p. 67, n. 3. — Aussi le terme de legis actio est-il souvent employé seul par nos romanistes pour désigner l'exercice de la jurisdictio voluntaria.

(1) L'adjectif «contentieux» visant la contestation qui a lieu entre les parties, on peut dès maintenant présumer que l'adjectif « volontaire » se rapporte également à elle.

diction volontaire, nous pouvons essayer de déterminer quelle en était à leurs yeux la nature.

Ce point toutefois est particulièrement délicat. Nous devons avoir soin de ne pas introduire dans le droit romain nos conceptions modernes. D'autre part, nous tirons nos renseignements d'auteurs classiques pour qui l'*in jure cessio* est une institution déjà vieille. Double raison d'hésiter. Aussi constatons-nous sans étonnement l'existence de deux opinions rivales sur le point qui nous occupe.

L'une, qui semble dominer actuellement, soutient que l'exercice de la *legis actio* volontaire ne se rattache pas à la *jurisdictio* proprement dite, mais à l'*imperium* du magistrat, à cet ensemble d'attributions administratives forcément vague, puisque la séparation des pouvoirs n'existait pas à Rome.

La mission propre du pouvoir judiciaire est de trancher les différends : *jus dicere*. C'était la seule fonction qu'il exerçât dans le principe. Plus tard, le rôle du magistrat s'est accru du règlement d'une foule de rapports du droit privé. Le terme de *jurisdictio* en a subi une extension ; mais c'est un abus de langage, et l'emploi de ce mot n'est pas justifié en dehors de l'organisation d'un *judicium* (1). Ainsi l'*in jure cessio* relève directement de l'*imperium,* ainsi que tous les autres actes, *quæ pertinent ad officium jus*

—

(1) 3 et 4, Dig. 2, 14 *de jur.* — Mommsen, *Dr. publ.* T. I, p. 215 et suiv.

dicentis, (1) et où l'intervention du magistrat s'impose à des particuliers, même en dehors de tout litige (2). C'est de l'administration judiciaire, si l'on veut.

A l'appui de cette théorie, on fait valoir que la *legis actio* volontaire se termine par une *addictio,* acte d'*imperium* (3). En effet pour Gaius et Justinien, l'adoption s'accomplit bien *imperio magistratus.* (4) D'autre part, nous voyons l'*in jure cessio* réservée aux magistrats investis du dit pouvoir (5), et cette compétence subsiste pour l'adoption, l'émancipation et l'affranchissement, même après la réforme justinienne (6) ; tandis que depuis la création des préteurs la juridiction contentieuse fut toujours exclusivement attribuée aux degrés inférieurs des magistratures supérieures (7). Nous voyons aussi les actes de juridiction volontaire s'expédier couramment en dehors du tribunal, *de plano, etiam in transitu* (8), et même un jour férié (9). Ils ne sont même pas soumis à la règle de la compétence territoriale : le magistrat peut les accomplir partout où l'on porte devant lui les insi-

---

(1) Cujas *Observ.*, l. XX, c. 37.
(2) Mommsen, *Dr. publ.*, T. I, p. 218 et s. ; T. VI, p. 467.
(3) Bethmann-Hollweg, *Civil pr.*, § 36 (T. I, p. 117 et s.)
(4) Gaius, 1, 88 et 99. — 1, Inst. 1, 11 *de adopt.*
(5) Mommsen, *Dr. publ.*, T. I, p. 219, n. 1.
(6) 4, C. 7, 1. *de vind.* — 1, C. 8, 48 *de adopt.*
(7) Mommsen, *Dr. publ.*, T. I, (2e édition), p. 217.
(8) Gai. 1, 20. — 2, Inst. 1, 5 *de lib.* — 7 et 8, Dig. 40, 2 *de manvind.*
(9) 3, Paul, 2, 25. — 1 et 2, Dig. 2, 12 *de feriis.*

gnes de l'*imperium* (1). Bref, ces actes doivent être nettement différenciés de ceux de la *jurisdictio* proprement dite.

Cette opinion est conforme à celle de nos civilistes modernes, suivant lesquels la juridiction volontaire est régie par des principes tout spéciaux, les magistrats étant revêtus d'un pouvoir « extraordinaire », dit gracieux, « là où ils ne pourraient juger contentieusement (2) ».

La doctrine adverse conteste la réalité de cette affirmation en ce qui concerne le droit romain. Elle tient que la *jurisdictio voluntaria* se rattachait, au moins dans le principe, à la *jurisdictio* véritable (3). C'est ainsi qu'elle explique comment ce terme n'a jamais dépassé la sphère des *legis actiones* volontaires. On peut l'exposer de la façon suivante.

La *jurisdictio voluntaria* est fille du formalisme primitif. La structure de l'*in jure cessio* le prouve, et son antiquité nous est d'ailleurs attestée (4). Elle est

(1), Dig. **1, 16** *de off. proc.*

(2) Darrony, *De la jurid. grac.*, p. 70 à 71.

(3) Rudorff, *Rœm. Rechtsg*, T. II, § 4, p. 18, ne fait aucune différence.

(4) Paul la dit plus ancienne que la loi des XII Tables (*Fragm. Vat.*, 50). — V. la question de la date de l'in jure cessio dans Lichtenstein (*op. cit.*, p. 159 à 164,) qui croit cet acte plus ancien que la mancipatio. Cette opinion, contestée du reste (Girard, *Manuel* p. 281), nous donne une vue très nette de son évolution. Son domaine, qui croît jusqu'à une certaine époque par le développement des rapports de droit, est constamment rongé par la création de modes d'acquisition plus simples, — mancipatio, traditio — ou

le produit d'un temps où l'on attachait une extrême importance aux questions de forme, très peu à celles de fond. Partant de là et opposant à la *legis actio* volontaire la *legis actio* contentieuse (seule procédure usitée alors), que pouvons nous constater?

Extérieurement, une similitude indéniable (1), telle que l'on se demande si l'*in jure cessio* n'a pas été une fraude des parties avant d'être un mode d'acquisition régulier (2). C'est un contrat, mais passé dans la forme d'un procès.

La plus grande parenté existe au point de vue juridictionnel entre cet acte et un acte contentieux. Les parties, qui veulent faire intervenir dans leurs conventions l'autorité civile (3), arrivent à leur fin en simulant un débat, et la solution est purement et simplement empruntée aux règles de l'aveu en justice (4),

---

par la disparition de certains des rapports qu'elle servait à établir (*ib.*, p. 165 et s). Autrement il est assez difficile d'expliquer l'application de la legis actio au transfert de la propriété (V. Cuq. *Instit. jur.*, p. 482).

(1) Lichtenstein, *op. cit.*, p. 39 : « Si illud quærimus, quomodo in jure cessio pertineat ad legis actiones in lite peractas, in jure cessionem evidens est nihil esse nisi accuratam vindicationis imitationem. » Cet auteur ne partage cependant pas notre opinion sur la nature de la juridiction volontaire.

(2) Ihering, *Esprit du dr. rom.*, T. IV, p. 273. Lichtenstein, *op. cit.*, p. 159. — L'hypothèse qui attribue cette création soit à l'initiative individuelle, soit à des traditions populaires, est au moins aussi probable que celle qui l'attribue à des jurisconsultes.

(3) Tout comme dans la mancipation elles font appel à la prœsentia civium (Gai. 2, 22).

(4) Gai. 2,24 et 1,134 — Ihering, *op. cit.*, T. IV, p. 86 à 87.

suivies en matière litigieuse. Quelle différence voit-on, quant à la nature du pouvoir mis en jeu ? L'affaire se termine par une *addictio*, tout comme un procès véritable interrompu par une *confessio in jure*. Dira-t-on qu'il n'y a pas dans ce dernier cas un acte de juridiction contentieuse ? L'*addictio* procède de l'*imperium* sans doute, puisque ce dernier est la base de toute solution judiciaire (3) : mais les trois pouvoirs qui composent la *jurisdictio* proprement dite, la *potestas dandi judicis*, la *potestas addicendi*, la *potestas dicendi* (4) en relèvent à égal titre ; et puisque tout le monde convient que la juridiction à proprement parler, est cette fonction du pouvoir judiciaire qui consiste à trancher les contestations, il faut bien se résoudre à qualifier d'acte de juridiction la solution d'un litige par *addictio* (5). Or, nous demandons quelle innovation la *legis actio* volontaire a nécessité dans cette organisation ?

Ainsi l'*in jure cessio* se rattache à la *jurisdictio*

(3) Mommsen, *Dr. pub.*, T. I (2e édition), p. 215, n. 2.

(4) Accarias, *Précis*, T. II, p. 672, n. 2 — Lichtenstein, *op. cit.*, p. 6. — Pauly, *Encycl.*, vᵉ Addicere, col. 349, li. 63 à 64.

(5) On disait d'ailleurs, anciennement, Addicere judicium, addicere judicem (Pauly, *Encycl.*, vᵉ Addicere, col. 349, li. 62 ; col. 350, li. 40 et s.) Cette addictio judiciaire est distincte de celle qui a lieu au cas de vente de biens (*ib.*, col. 351, li. 1 et s). Au reste, nie-t-on le caractère juridictionnel du judicium dit imperio continens ? et celui du jugement de partage contenant une adjudicatio, lequel est pourtant attributif de droits, tout comme l'addictio en matière d'in jure cessio (V. Girard, *Manuel*, p. 301 et n. 1) ?

véritable par l'apparence formelle, extérieure, à laquelle, dans le principe, on attachait une si grande importance. — Au surplus, pourquoi se serait-on ingénié à la couler dans le moule de la *rei vindicatio*, si l'on avait cru en faire quelque chose qui ne rentrât pasdans la *jurisdictio* (1)?

A la vérité il y avait désaccord entre la forme processive donnée aux actes de juridiction volontaire, et le fond de ceux-ci (2). *Voluntarius* dit *spontaneus, qui sponte agit* (3), *qui sese offert* (4). Qu'il s'agisse d'une adoption ou d'un transfert de propriété, l'emploi de l'*in jure cessio* suppose une entente préalable des parties (5): faute de laquelle l'acte n'existera

---

(1) Si l'on peut, quant aux formes, faire telle distinction de détail entre la rei vindicatio et la legis actio volontaire (Lichtenstein, *op. cit.*, p. 24 et s,) — comme d'ailleurs entre l'in jure cessio proprement dite et l'adoption, — il n'en reste pas moins établi que c'est précisément la forme que l'on a demandée à la procédure en usage, et dès lors nous croyons sans grande portée toute discussion sur ce point. V. Keller, *Proc. civ.*, p. 96, et, sur la loi de correspondance des formes entre la juridiction volontaire et la contentieuse, Ihering, *op. cit.*, T. III, p. 222, 225 à 227; T. IV, p. 79, 141 à 142, 164, et n. 238. — Lichtenstein admet la possibilité pour un legis actio volontaire de devenir contentieuse au cas de supercherie du demandeur : « Contravindicatio, si non ne vera procedebat, tamen procedere posse e negotii natura debebat. » (*op. cit.*, p. 34.)

(2) Lichtenstein, *op. cit.*, p. 46 : « Omnes cognoverant esse in cessione aliquam formæ et naturæ incongruentiam. »

(3) Dirksen, *Manuale*, v° Voluntarius — Forcellini *Lexicon*, v° Voluntarius.

(4) Paul, 1, 3.

(5) Celles-ci sont le cédant et son compère le cessionnaire. Il

pas. De là procède son caractère particulier. Le magistrat, sous couleur d'imposer sa décision aux parties, ne fait, et dans tous les cas, que sanctionner la leur. On dut naturellement accommoder les conditions et les effets de cette *rei vindicatio* fictive au but poursuivi (1) ; et plus le droit romain, se perfectionnant, délaissa le formalisme primitif pour s'attacher aux questions de fond, plus s'affirma la différence qui séparait une procédure contentieuse d'une *legis actio* volontaire.

Celle-ci fonctionne encore à l'époque classique; mais elle n'est plus adéquate aux mœurs, et la notion primitive s'en efface (2). La nature véritable de l'*in jure cessio* étant mieux dégagée, et les différents pouvoirs du magistrat mieux définis, les jurisconsultes tendent à rattacher cet acte à l'*imperium* plutôt qu'à la *jurisdictio*. La seule évolution du droit encourage d'ailleurs cette façon de voir. — En effet, la procédure volontaire n'a plus son pendant en matière litigieuse. Dès lors la primitive correspondance des formes n'existe plus. Le rôle du magistrat n'est plus identique dans l'un et l'autre cas, car il était moins considérable dans

n'est pas encore question de la volonté du fils ou de l'esclave en matière d'adoption, d'émancipation, d'affranchissement (V. Girard, *Manuel*, p. 168 - P. du Maroussem, *De l'émancip.*, p. 24 et 68.
(1) Ihering, *op. cit.*, T. IV, p. 226 : « On peut relever tout un système de transaction entre l'intérêt technique de la forme et l'intérêt pratique. » V. ib., p. 285 à 286, et T. II,I p. 229. — Lichtenstein, *op. cit.*, p. 44 à 45. — Comp. 3 et 4, Dig. 1, 7 de adopt.
(2) Lichtenstein, p. 28.

la *legis actio* que dans les procédures formulaire et extraordinaire (1). La compétence même s'est ressentie de ce dualisme : tandis que de nouveaux fonctionnaires, non investis de l'*imperium,* recevaient des attributions contentieuses, la *legis actio,* inusitée au contentieux, restait exclusivement du ressort des magistrats investis de l'*imperium* (2). Tout ceci accentue la différence de caractère des décisions gracieuses et des décisions contentieuses. — Ensuite, la disparition du formalisme se fait sentir dans la *legis actio* comme partout ailleurs. Il ne s'agit pas seulement, de simplifications respectueuses des formes, telles que la licence d'agir *de plano* et les jours fériés (1) :

---

(1) Selon Ihering (T. I, p. 83), le droit romain repose tout entier, à ses débuts, sur le principe de l'autonomie individuelle.

(2) Consuls, proconsuls, préteurs, etc. (V. Lichtenstein, p. 7 et s). La juridiction volontaire fut, jusqu'à l'époque impériale, une portion intégrante de la puissance publique supérieure (Mommsen, p. I, p. 219). La loi Rubria l'avait enlevée aux magistrats municipaux : mais ce n'était là qu'une conséquence des limites nouvelles apportées à leur pouvoir même en matière contentieuse (V. Girard, *Textes,* loi Rubria, p. 63 — Mommsen, *Dr. pub.,* T. 12 VIᵉ p, 466 et s). Il est à remarquer que les consuls, déchargés par la création des préteurs de la juridiction contentieuse, qui fut au début une partie essentielle de leur pouvoir (Mommsen, T. III, p. 115), retinrent, en concurrence, l'exercice de la judiriction volontaire : ce dernier était en effet beaucoup moins pénible et très populaire. Ajoutons que les magistrats qui l'avaient étaient relativement peu nombreux, eu égard aux besoins de la vie pratique (V. Pline le Jeune, *Epist.,* VII, 16 et 22) : on voit même assez souvent ce droit concédé spécialement, sous l'Empire, à des magistrats municipaux (Mommsen, T. VI 2, p. 468, n. 1).

(1 Lichtenstein, p. 11 à 13 : « Antiquissimis quidem tempo-

on tend à supprimer le personnage de l'*adsertor libertatis* (2), compère dans la *manumissio,* et la nécessité pour le *paterfamilias* de prononcer les paroles solennelles (1). De fait, il ne reste plus en présence qu'une manifestation quelconque de la volonté des parties, sanctionnée par une déclaration du magistrat.

Cette réaction du fond contre la forme aboutit définitivement, sous Justinien, non à la transformation (2), mais à la disparition complète de la *legis actio*

---

ribus jurisdictionem voluntariam ibidem peragi debuisse, ubi contentiosam, verisimillimum est. Mox tribunali omisso de plano agere, lictoris absentiam admittere cœperunt. » (V. 8 et 23, Dig. 40, 2 *de man. vind.*). Il est probable, en effet, que, sachant dans tous les cas répondre au désir des parties, on chercha d'assez bonne heure à faciliter les conditions de l'in jure cessio. Cependant, en ce qui concerne les jours fériés, bien que l'inobservation du calendrier n'entraînât sans doute pas la nullité des actes, il est possible que la pratique, respectueuse des rites, n'ait guère précédé l'autorisation de Marc Aurèle ; Gaius n'en parle pas, alors que Paul en fait mention (V. supra. p. 24, n. 2). — Notons d'ailleurs que ces privilèges ne sont nullement spéciaux aux actes de juridiction volontaire (Keller, *Civil pr.*, p. 11. — Puchta, *Instit.*, § 58) ; de même que plus tard, lorsqu'on interdit d'expédier les actes judiciaires aux jours fériés, l'affranchissement et l'émancipation furent exceptés de cette défense, mais non l'adoption (2 et 8, C. 3, 12 *de fer.*).

(1) Cependant on conserve encore l'antique règle (disparue dans la pratique contentieuse), qui n'admet pas la représentation par procurator (Lichtenstein, p. 23. — Rudorff, *Rom. Rechts gesch.*, T. II, § 26, p. 87 et s.).

(2) 23, Dig. 40, 2 *de man. vind.*

(2) « Formæ in cessione tanta firmitas erat, ut tempori accommodari nequiret » (Lichtenstein, p. 168).

volontaire, de la *juris dictis voluntaria* proprement dite. Celle-ci, en effet, n'est mentionnée qu'une seule fois dans l'étendue du *Corpus Jurio*, par un jurisconsulte du IIIe siècle, qui la rattache à l'exercice de la *legis actio* simulée. Sa nature fictive liait son existence à une question de forme. Il serait d'ailleurs impossible de lui assigner un domaine précis dans la législation du Bas-Empire (1); si ce terme a été conservé, c'est une simple réminiscence de l'ancien droit.

Suivant nous, c'est donc une erreur de croire que l'on a, de nos jours, continué la théorie romaine de la *jurisdictio voluntaria*. Celle-ci est étrangère à nos mœurs judiciaires; elle est même abandonnée dans le dernier état du droit romain.

Quand même on adopterait l'opinion qui fait relever ces actes de l'*imperium*, il n'en resterait pas moins vrai de les définir « la *legis actio* en dehors de toute

____

(1) L'affranchissement est, la plupart du temps, un acte extra-judiciaire (Accarias, *Précis*, T. I. n. 66) ; un traité de droit syro-romain du Ve siècle, — rédigé, il est vrai, en vue de l'episcopalis audientia, — ne fait même pas mention de sa réalisation devant le magistrat (Esmein, *Mélanges*, p. 413). — Nous avons vu que l'affranchissement et l'émancipation peuvent s'accomplir un jour férié, mais non l'adoption. D'autre part, celle-ci n'admet pas la contrainte, dont les deux autres sont devenus susceptibles. — Il existe encore une cessio hereditatis, mais toute différente de l'ancienne quant au fond, et il n'est pas certain que la déclaration doive en être effectuée en justice. (Esmein, ib., p. 415). — Bref, aucune cohésion véritable n'existe plus entre les actes qui appartenaient jadis à la juridiction volontaire.

contestation ». Or ces mots ne répondent plus à rien dans notre organisation (1).

Ne pouvons nous au moins caractériser les actes de juridiction volontaire, au regard des autres actes juridiques, par la part que les parties, ou le magistrat prennent à leur accomplissement?

Le rôle du magistrat, dans toute procédure de *legis actio* est, nous l'avons dit, peu actif. Il se borne à vérifier les conditions du procès, puis à désigner un juge; si, avant cette désignation, l'un des plaideurs avoue le droit de son adversaire, le magistrat doit consacrer cet aveu par une *addictio*. Dans une procédure volontaire, le magistrat constate donc simplement l'accomplissement des conditions légales et la volonté des parties (2). On finit même par admettre qu'il réalisât une *adoptrio* ou une *manumissio* dans laquelle lui-même ou les siens

(1) La division imperium-jurisdictio n'y trouve pas non plus son équivalent, étant donnée notre séparation des pouvoirs. — V. toutefois dans H. de pansey, *Autor. jud.*, c. VI, une analyse du pouvoir judiciaire en juridiction proprement dite et en commandement. Ce dernier sens avait parfois été donné à Rome au terme imperium (Mommsen, *Dr. pub.*, T. I, p. 217, n. 2)

(2) V. Girard, *Manuel*, p. 165. — « In cessione privati voluntas priorem locum habet, » dit Lichtenstein, *op. cit*, p. 165, et p. 51 : « Ambigi potest, utrum prœtoris addictioni, an partium consensui principale ad effectum producendum momentum dandum sit. Equidem addictioni prœtoris per se hanc vim non attribuendam esse, sed principaliter contrahentium voluntatem spectandam censeo. »

étaient intéressés (1). Cela distingue l'exercice de la juridiction volontaire des actes *magis imperii quam jurisdictionis,* tels que la *missio in bona,* la *restitutio in integrum* (2), etc., où la volonté du magistrat a une part prépondérante. Cela rappelle, d'autre part, l'exercice du *jus acta conficiendi,* sauf qu'ici le magistrat authentique un acte privé sans y ajouter une déclaration attributive de droits.

Cette sanction juridique est-elle de la nature même des actes de juridiction volontaire? En d'autres termes la confection de ceux-ci réclame t-elle nécessairement, d'elle-même, l'intervention de l'autorité publique? On l'a dit, en songeant à l'adoption, à l'affranchissement, à l'émancipation. Mais on oublie que l'*in jure cessio* servait à réaliser bien d'autres transactions purement privées, en concurrence avec la *mancipatio* ou la *traditio* (3). Pour ces actes au moins, le concours du

---

(1) 3, Dig. 1, 7 *de adopt.* —1, 2, Dig. 1, 10 *de off. cons.* —2, Dig. 1, 14 *de off. prœt.* — 2, Dig. 1, 18 *de off. prœt.* — 18, 2, *Dig.* 40, 2 *de man. vind.* — Cette faveur est absolument contraire à tous les principes reçus tant en matière d'imperium que de jurisdictio : « Hoc unum notandum videtur, quod favore libertatis in manumissione permulta admittebuntur, quæ cessionis natura repugnarent. » (Lichtestein, p. 83). En effet cette licence ne fut pas toujours admise : V. 5, Dig. 40, 2. de man. vînd.

(2) **V.** supra, **p.** 17, n. 4.

(3) Dire qu'à l'origine ces transactions exigeaient l'autorisation du pouvoir est une simple hypothèse, et nous croyons, pour notre part, que l'introduction de l'in jure cessio à Rome n'a pas eu pour but de permettre certaines transactions, mais d'établir juridique-

magistrat n'est qu'« une conséquence pour ainsi dire « fortuite de la nature de l'expédient (1) ».

Quant au rôle des parties. il est, au fond, principal, vis à vis de celui du magistrat. De plus il est entièrement volontaire, spontané : pas d'*in jure cessio* sans une entente préalable. Il faut bien que l'on consente, de part et d'autre, à remplir les rôles de demandeur et de défendeur. On doit même, dans le principe, entendre ce caractère spontané des actes que l'*in jure cessio* sert à réaliser. Marcien, auteur du texte fondamental en notre matière, n'admet pas que l'on puisse contraindre un père à émanciper son enfant (2). Cette règle, il est vrai, ne tarda pas à fléchir pour l'émancipation et même pour l'affranchissement (3), mais déjà la *jurisdictio voluntaria* était en pleine décadence.

Ainsi volonté des parties, nécessaire et s'imposant au

ment certains rapports qui existaient auparavant à l'état de fait : V. Lichtenstein, p. 154 à 158, 165 à 168.

(1) Ceci peut-être vrai même de l'affranchissement, à l'époque ancienne : V. Mommsen, *Histoire romaine* (trad. de Guerle), T. I, p. 194 ; Girard, *Manuel*, p. 112.

(2) 114, 8, Dig. 30, *de leg.* 1°. — Comp. 31, Dig. 1, 7 *de adopt.*

(3) Ulpien est déjà d'un avis contraire à celui de Marcien (92, Dig. 35, 1 *de cond. et dem*). V. encore 26, 7 et 28, 4, Dig. 40, 5 *de fideicam.* Au cas de refus du père, la manumissio a lieu par intervention directe de l'imperium du préteur. Plus anciennement, on avait utilisé l'opération du recensement pour la libération de l'individu in mancipio (Gai, 1, 140). — La prise en considération de la personne objet de ces transactions conduisit à exiger le consentement, au moins tacite, du fils en matière d'émancipation et d'adoption. Cette innovation date probablement de Justinien (Girard, *Manuel*, p. 168 et 182).

magistrat ; rôle quasi-passif de celui-ci, qui se borne à sanctionner leur accord, après vérification des conditions de l'acte ; telle nous semble être la caractéristique de la *jurisdictio voluntaria* primitive, bien nommée.

Au moins aurons nous là, pour la suite, un terme de comparaison.

CHAPITRE II

Si nous passons du droit romain à la doctrine actuelle, une chose nous frappe. On donne à la division du gracieux et du contentieux une importance, une étendue bien supérieures à celles qui lui furent attribuées à Rome. D'une part, nous la rencontrons à propos d'actes notariés, d'actes administratifs. D'autre part, en matière de procédure civile, tous les actes appartiennent à l'une ou à l'autre des deux catégories : le qualificatif « gracieux » n'est qu'un synonyme de « non contentieux ».

Cependant la presque totalité des auteurs s'en réfère à nos textes latins, sur l'opposition du volontaire et du contentieux. Il y a donc eu méprise de leur part. Quelle en est la cause? Elle est facile à reconnaître. L'erreur correspond à l'extension de sens prise par le terme *«jurisdictio* ».

Nos ancêtres avaient perdu — Cujas le reconnait — la signification des mots *imperium, jurisdictio, legis actio* (1). Bien qu'ils aient travaillé à rétablir ces notions avec une persévérance et une sagacité remar-

---

(1) Loyseau. *Des Seigneuries*, c. X, nos 3 à 6. — *Des Offices* l. I, c. **VI, nos 28, et 39 à 42**.

quables (1), certains de leurs efforts ont été infructueux, ou bien ont réussi trop tard pour corriger une terminologie devenue courante. Ainsi la distinction de l'*imperium* et de la *jurisdictio* proprement dite (2), qu'ils ont déterminée après de longs tâtonnements, ne s'est point acclimatée dans la langue usuelle. La juridiction est, de nos jours encore, l'*officium jus dicentis* tout entier. Encore traduisons-nous maintenant : l'ensemble des pouvoirs du juge (3). Les commentateurs, plus fidèles au langage romain, traduisaient : l'ensemble des pouvoirs du magistrat (4),

(1) Heineccius nous donne la définition de la legis actio : ce sont des formules d'action conformes à la loi : V. *Antiq. rom. ad. instit.*, pr., 6 (*Opera*, T. IV.), et *Histor. jur. civ.*, nota ad § 46. (*Op.* T. IV, p. 368). — Un siècle auparavant, Loyseau faisait de la même expression une caractéristique de la magistrature : « la même force et pouvoir que la loi « (*Offices*, l. I. c. VI, no 39).

(2) V. supra, p. 17.

(3) Merlin, *Rép.*, vo juridiction, — Rauter, *Proc. civ.*, no 19.

(4) D'Argentré, *in Cons. Brit.*, t. I, ad. rubr. : «.Jurisdictionem generaliter sumunt pro omni notione quœ magistratus jure et competit, vel cognitione, pronuntiatione, decreto in quacumque causa sive civilis, sive criminalis. » — Cujas, *in Dig..* l. II, t. I: 3 (T. VII, col. 58, lit. *b*. « Notio et definitio causarum, quæ magistratui proprio jure competit. » — Ces auteurs ne font rentrer dans la juridiction proprement dite que ce qui complète au magistrat du seul fait de sa charge, mis à part les pouvoirs extraordinaires conférés par des lois. Mais Doneau (*De jur. civ.*, l. XVII. c. VIII, no 13) montre que cette restriction n'était déjà plus de son temps dans les habitudes du langage ; de même Voët (*ad Pand.*, l. II, t. I, nos 1, 2, et 6). Enfin Heineccius retouche la définition de Cujas pour qu'elle embrasse la juridiction extraordinaire et la juridiction volontaire : V. *Elem. jur. civ.* (*Op.*, T. VI), part. 1, l. II, t. I, § 240 et 242 ; V. encore *De locatione cond. uridisctionis* (T. II exercit. 33), c. I, § 2, 3, 4, 8, 11, où il expose

mot qui prêtait à des abus de sens pour d'autres que pour les romanistes (1).

Le résultat devait être, quant au texte de Marcien (2), la reconnaissance d'une division *contentieux-volontaire*, non bornée au champ de l'in jure cessio, mais susceptible d'embrasser tous les actes qualifiés de juridictionnels (3).

Seulement la définition des termes de cette opposition fut naturellement l'occasion de controverses et de divergences. A cet égard, on peut distinguer deux écoles chez les commentateurs des Pandectes. Une autre se dessine en regard, d'une inspiration plus originale. Dans notre ancien droit, on compte donc jusqu'à trois points de vue divers, auxquels on s'est placé pour établir la distinction du volontaire et du contentieux. Et nous avons hérité de toutes ces doctrines.

---

et critique les définitions proposées avant lui. — Ainsi l'imperium devient pour quelques-uns une espèce particulière de *juris dictoi* (Bartole, *in Dig.*

l. II, v° juridictio : T. **IV**, p. 55); pour les autres, il est le pouvoir de contraindre (Voët, ad Pand., l. II, t. I, n°s 38 à 40, 43 à 44 — Heineccius, *De loc. cond. jur.*, § 12 et 13 — Pothier, *Pand.*, l. II, t. I, n°s 1 et 2), tandis que la jurisdictio proprement dite est la faculté de prononcer.

(1) V. infra, p. et s. ; l'école française. — D'Argentré remarquait déjà : « quœ (jurisdictio) tamen sœpe broc titula improprié usurpatus pro materia fendali. » (*In bons. Brit.*, t. I., ad rubr.).

(2) 2, Dig. 1, *de off. proc.*

(3) Azo, *in C.*, l. III, t. XIII, de jur. omn. jud. (f° 52, n° 4). — Bartole, *in Dig.*, de off. proc., lois I. à 3 (T. IV p. 43). — Durand

Les Bartolistes. — Les premiers théoriciens en la matière confondirent la *jurisdictio voluntaria* avec le *jus acta conficiendi*. On pouvait aisément s'y tromper dans le dernier état du droit romain (1).

Fut donc assimilé à l'adoption et surtout à l'émancipation (2), tout ce qui se passait dans une forme similaire. Cela fit un ensemble d'actes offrant ce caractère, d'être en quelque sorte nécessaires au regard du magistrat (3) : la volonté des parties y jouait le principal rôle. Le *jus acta conficiendi* ayant été partagé entre les juges et les notaires (4), ceux-ci devinrent titulaires de notre juridiction.

Spec., l. I, part. I, de jur. omn. jud., § 1, n° 26. — Doneau, *De jur. civ.* l. XVII, t. VIII, n° 7. — Voët, *ad Pand.*, l. II, T. I, n° 3. — Heineccius, *Elem. jur. civ.*, part. I, l. II, t. I, § 249. — Pothier, *Pand.*, l. II, t. I, n° 8. — de Ferrière, *Dict.* v^{is}. juridiction, acte. — Domat, *Lois civ.*, t. II, l. II, tit. I, sect. I, art. 28, et sect. 2, art. 10. — Guyot, *Rep.*, v° contentieux. — Quant aux auteurs modernes, v. notre introduction.

(1) Non seulement la forme est identique, à la déclaration du magistrat près ; mais encore nous avons vu que l'affranchissement et, depuis Léon, l'émancipation se passaient de l'intervention judiciaire, alors que certains actes, comme les donations, étaient soumis à la formalité de l'insinuatio.

(2) Moins rare dans notre ancien droit. V. Durandi *Speculum juris*, l. I, part. I, de jur. omn. jud., § 1, n° 26 — Bartole, *in C.*, de conf., un. (T. I, p. 98).

(3) Baldus, *in Durandi spec.*, de jur. omn. jud. (p. 135).

(4) L'institution de nos tabellions ne semble pas dériver de celle des tabelliones romains, ni même de l'insinuation des actes dans les curies municipales. Elle paraît venir de cette idée, née au Moyen-Age, que le notariat est une délégation par l'autorité publique de la juridiction gracieuse. Certains rattachaient le pouvoir de créer un notaire à celui de créer un judex ordinarius ; d'autres,

Nous reconnaissons le système adopté par Rauter.
Il se trouve déjà dans le traité du canoniste Durand.
Celui-ci rapproche l'émancipation, quant à la licence
d'agir un jour férié, des contrats et testaments : ce
qui, suivant lui, constitue la juridiction volontaire (1).
Mais la théorie est plus nette encore dans Bartole. Il
qualifie le notaire de *judex chartularius* (2), et
oppose les actes volontaires, tels que les contrats et
actes de dernière volonté, aux actes nécessaires, tels

à celui de dare tutores; mais l'opinion dominante fit de la création des notaires un droit régalien : le notaire est un délégué
direct du souverain, (Esmein, à son cours de droit canonique
sur la théorie des preuves, 1893-94).

(1) C'est sous la rubrique *de feriis*, plus encore que sous le
titre *de juridictione*, que les canonistes ont traité la question de
la juridiction volontaire. Voici le passage de Durand (*Spec. jur.*,
l. II, part. I, de feriis, § 2, n° 5 et 6 : « Quid si in feriis... fit instru-
mentum per tabellionem super aliquo contractu? Dicunt quidam
quod non valet (C., de feriis, l. actus). Sed dic contra, et quod ibi
dicitur, actus publici vel privati, expone, id est juridictionis con-
tentiosæ; volontariæ autem bene possunt exerceri, prout in eadem
lege dicitur, ut emancipare, contractus inire, instrumenta scri-
bere, testamenta facere, et hujusmodi. » Le n° 7, ib., semble
donner une tout autre extension à la juridiction volontaire, et y
faire rentrer les actes d'administration prétorienne, tels que la
datio tutoris, la possessio causa damni infecti. Mais nous
croyons que le sens vrai de ce passage est donné par Azo *Summma
in C.*, l. III, t. de feriis, f° 51, n°s 6 et 7), auquel on l'a presque
littéralement emprunté : l'accomplissement de ces actes d'administration les jours fériés est basé sur l'urgence ou la pietas,
motif reproduit au reste par Durand à la fin de son alinéa. La con-
jonction «ergo», qui relie cet alinéa à celui où il est question de la
juridiction volontaire, n'a donc pas le sens d'une déduction.

(2) Bartole, *Comm. in. Cod*, De sacros., loi jubemus, § sanè si
h (T. I, p, 23).

que les jugements (1). Ainsi le magistrat et le notaire (2) se partagent l'exercice de la juridiction volontaire, la part du premier se réduisant toutefois à peu de choses : adoption, émancipation (3), légitimation (4).

Cette doctrine est, dans notre ancien droit, la plus communément reçue. Elle fut populaire au point qu'on en retrouve la tradition chez des jurisconsultes de la seconde Renaissance. Balde, révisant l'œuvre de Durand, témoigne qu'il distingue les *actus voluntarii*, dressés par un tabellion, des *actus voluntariæ jurisdictionis*, « *ut contractus emancipationis* » (5). Cependant il laisse intactes la thèse de l'auteur et les annotations qui en font l'application à l'*insinuatio donationum* (6). — Loyseau rapproche l'adoption et l'émancipation des décrets de justice, de la *restitutio in integrum*, et de tous les actes *magis imperii*

______

(1) ib., de transac., loi 20 (non minorem), nos 2 et 3.

(2) Bartole, *in Dig.*, de off. proc., 1. loi à 3 (T IV, p. 43).

(3) *ib.*, de adopt., loi 36.

(4) Bartole, *in Auth.*, collect. 7, quib. mod. nat. eff. sui, § Generaliter, nos 2 à 3, 8 à 10. (T. IV, p. 45) — En étendant le domaine de la juridiction volontaire à tous les actes volontaires passés avec le concours de l'autorité publique, on devait arriver à y comprendre la légitimation par rescrit du prince, car ce dernier a la jurisdictio plena (*Dur. spec*, 1. I., part. I, de jur. omn. jud, § 1, nᵘ 1), dont toute autre n'est qu'une délégation (Bartole, *in Dig.*, 1. II, vᵘ *jurisdictio*, lit. *a, l.*).

(5) Baldus *in Durandi spec.*, de feriis (p. 157).

(6) *Durandi spec.*, p. 155, n. *d.*, et 1. II, part. II, de instrum. edi., § 14, n. *b.* in f. (p. 359).

quam jurisdictionis (1) : il n'en proclame pas moins que « enprincipe, comme la jurisdiction contentieuse « réside par devers le juge, aussi la volontaire réside « par devers le notaire », toutefois «sous le nom et « autorité du juge (2) ». » Il est vrai que pour Loyseau, qui combat les prérogatives des seigneurs, et voudrait réserver au roi lanomination des notaires, « l'autorité des contrats *magis est imperii quam* « *jurisdictio«nis* (3). » Il nous présente ainsi un corps de doctrine particulier, sur lequel nous aurons occasion de revenir.

Plus tard Domat (4), de Ferrière (5), Guyot ,6) reproduisent encore l'opinion qui tient les notaires pour dépositaires de ladite *jurisdictio*. Guyot, rappelant l'épithète de *judices chartularii* ajoute même que dans quelques provinces ils usent de formules portant qu'ils ont « jugé et condamné les parties à rem- « plir leurs conventions».—La même idée se retrouve

(1) Loyseau, *Offices*, l. I, c. V, n⁰ 45.
(2) Loyseau, *Offices*, l, V., c. I. n₀ 57. — l. I, c. V, n⁰ 96.
(3) Loyseau, *Seigneuries*, c. VIII, n⁰ 86. Le vocable de legis actio désigne, suivant lui, cet ensemble d'actes d'imperium (*ib.*, c. X, n⁰ˢ 17 à 21, 22 à 36).
(4) Domat, *Lois civ.*, T. II, l. II, t. I, sect. 1, art. 29. Notons que Domat fait cependant quelque réserve : « une sorte de juridiction », dit-il. Mais cette répugnance même atteste la force de la tradition qu'il suit.
(5) De Ferrière, *Dictionnaire*, vᵒ acte.
(6) Guyot *Rép.*, vᵒ , notaire

dans les travaux préparatoires de la loi du 25 ventôse an IX sur le notariat (1).

C'est elle enfin que Rauter adopta, non toutefois sans modifier un peu la doctrine de ses prédécesseurs. Ceux-ci laissaient en dehors de la classification une partie des actes du magistrat : ces mesures, qui se sont peu à peu rattachées à l'administration de la justice, telles que la nomination de tuteur, l'autorisation de procéder, et où la volonté du juge a plus de part que toute autre. Chez Rauter, cette lacune n'existe plus : tous les actes du magistrat sont contentieux ou volontaires. Ce dernier caractère réside pour lui, non dans le fait que l'acte ne dépend que de la volonté des parties, mais dans la simple absence de contradiction. Appartient à la juridiction volontaire tout acte dans la confection duquel intervient un officier public, et qui ne présente pas vis-à-vis de l'une des parties le caractère d'une contrainte qui lui serait imposée par l'autre partie. Il y a lieu seulement lieu, parmi ces actes, de distinguer ceux qui requièrent, ou non, de la part de l'officier, une information et une décision personnelle; les vrais types de la juridiction volontaire restent

(1) Favard, *Rép. du notariat*, v° notariat : « Il a paru juste que les officiers de la juridiction volontaire eussent la même étendue de ressort que les magistrats de la juridiction contentieuse (p. 184)... Le notaire... est le judex chartularius des capitulaires (p. 205)... Comme fonctionnaires publics, comme exerçant un ministère qui est en quelque sorte une émanation de l'autorité publique; en un mot, comme magistrats de la juridiction volonaire... (p. 206). »

encore ceux qui ne la demandent pas : tels les actes notariés.

La faveur dont ce système a joui longtemps nous paraît due à sa juste application du mot « volontaire ». Initiative des parties, et même, dans l'ancienne théorie, nécessité absolue de leur consentement (1), d'une part; rôle quasi passif du magistrat, d'autre part (2) : tels sont bien les points que nous avons mis en relief dans la *jurisdictio voluntaria* romaine, et qui semblent devoir répondre à cette épithète.

Mais le point vulnérable est l'abus fait du terme « juridiction ». Avec la meilleure volonté du monde, il nous est impossible de reconnaître ce pouvoir aux notaires ou à d'autres officiers publics, qui n'ont jamais le droit de juger. Quelle que soit en particulier l'origine du notariat, il n'a plus rien de commun avec le pouvoir judiciaire (3), et ce n'est pas d'aujourd'hui qu'on y voit une délégation à part et directe de la souveraineté (4). Nous entendons bien que les conven-

---

(1) Voyez les formules d'émancipation et d'adoption, dans *Durandi spec.*, l. IV, part. IV. de nat. exib., n° 16 (p. 440) et de cognat. leg., n° 3 (p. 442). Pour les actes notariés, la nécessité du consentement va de soi.

(2) Baldus, *in Durandi spec.*, de jur. omn. jud., (p. 135).

(3) Boitard, *Cours de proc.*, n° 67. — Rauter le reconnaît lui-même : *Proc. civ.*, n° 79. — Ailleurs il dit que les actes de l'état civil sont plutôt du domaine administratif que de celui de la justice, et range les inscriptions d'hypothèques parmi les actes extra-judiciaires (ib., n° 444).

(4) Esmein, à son cours sur la théorie des preuves en droit canonique. — Loyseau est de cet avis (*Offices*, l. I, c. VI, n° 99. —

tions notariées font la loi des parties (1); mais ce n'est là qu'une question de preuve : toute convention valable est obligatoire dans notre droit (2).

La division proposée par Rauter dépasse donc de beaucoup les limites de notre sujet, qui se borne à l'examen des actes juridictionnels (3). Ce n'est plus à

Seigneuries, c. VIII, nᵒ 55), lui qui écrit pourtant (*Offices*, 1. I, c. VI, nᵒ 96) : «... la volontaire, dont les notaires ont le plus fréquent exercice, sous le nom toutefois et autorité des juges, qui sont toujours intitulés ès grosses des contrats ». — Comp. *Durandi spec.*, 1. II, part. II, de instrum. edi., § 7, n. 2 (p. 298). — Bartole, *in Dig.*, 1. II, V, juridiction, n. *l.* — On aimait jadis, à interpréter les trois effets des contrats publics (pleine preuve, exécution parée, hypothèque) comme résultant d'une sentence « volontaire » portée par le notaire. Il est bien acquis aujourd'hui que l'authenticité est attachée à la simple qualité d'officier public (1317 C. c.), et que l'exécutoire tient à une délégation, non de l'autorité judiciaire (Loyseau, suprà, n. 2. — Guyot, vᵒ Hypothèque, § 4 in pr.), mais du pouvoir. Quant à l'hypothèque, la question ne se pose plus. C'est pourtant elle qui déterminait Domat à reconnaître une juridiction aux notaires : car, disait-il, c'est l'autorité de justice qui donne l'hypothèque en France (*Lois civ.*, T. II, 1. II, t. I, sect. 1, art. 29). On sait aujourd'hui que cette hypothèque des contrats avait au contraire une origine toute conventionnelle, et que l'hypothèque judiciaire vient de l'hypothèque contractuelle (V. Esmein, *Étude sur les contrats*, p. 202 et s., p. 227).

(1) « Le notaire exerce ici une partie de l'autorité de la justice; ce qu'il écrit fait la loi des parties. » (Favard, *Rép.*, vᵒ notariat, p. 178 : extrait des rapports sur l'article 1 de la loi de ventôse).

(2 Art. 1137 C. c. — V. sur l'origine de cette règle Esmein, *Étude sur les contrats*, p. 5 et s.

(3) Rauter (*Proc civ.*, nᵒ 1) comprend, sous le nom de procédure volontaire, des mesures prises, soit devant le tribunal, soit sans son concours : p. ex. en vue de l'exécution d'un jugement. Ces derniers peuvent être des actes volontaires; ils ne sont pas des

l'adjectif « contentieux ». mais aux épithètes « forcé (1), nécessaire (2) », qu'il faut opposer le mot « volontaire », en dehors de toute idée de juridiction.

Tout ce que nous pouvons retenir de cette théorie, pour l'appliquer, si l'occasion s'en trouve, à des actes du magistrat, c'est la définition du caractère volontaire : ce rôle initial des parties, cette attitude du juge qui sanctionne plutôt qu'il ne prononce, cet état de choses enfin qui trouve son expression parfaite dans la confection d'un acte notarié.

Remarquons seulement que de tels actes ne peuvent comprendre toute la juridiction non contentieuse de nos juges. Pour s'en convaincre, il suffit de jeter un coup d'œil sur nos codes. Le nombre est minime des cas où le magistrat *doit* satisfaire à la requête présentée, sans autre vérification que l'accomplissement des conditions légales. Selon nos juristes, la loi répugne à faire du magistrat le simple instrument de la volonté des parties. Henrion de Pansey prononce, à ce propos, le mot d' « inconvenant » (3) ; M. Bertin est du même avis (4) ; et sur ce point, d'ailleurs, il se rencontre avec Loyseau, pour qui le magistrat symbolise l'autorité, la puissance (5). De fait, la plupart des actes du juge

actes de juridiction, et à ce titre nous n'avons pas à nous en occuper ici.

(1) Rauter, *Proc. civ.*, no 149.
(2) Bartole,. cit. p. 40, n. 3.
(3) H. de Pansey, *De l'Autor. jud.*, c. XVII, p. 555, n. 3.
(4) Bertin, *Chambre*, no 22.
(1) Loyseau, *Offices*, 1. I, c. V, nos 45 et s., et c. VI, nos 20, 29.

présente un caractère de décision personnelle (1), qui les éloigne considérablement de ceux des notaires, officiers de l'état civil, conservateurs des hypothèques et receveurs de l'enregistrement (2).

Les Romanistes de ia Seconde Renaissance. — Les commentateurs du XVIᵉ siècle ramenèrent la notion de juridiction gracieuse à celle d'un pouvoir exercé par le magistrat. Mais à cela près, la conception des actes volontaires demeura la même, car ce système n'était point issu de réflexions pratiques analogues à celles de Loyseau.

Un examen plus attentif des textes romains avait montré l'inexactitude de la thèse développée par Bartole. En effet, les passages relatifs à la *jurisdictio voluntaria*, à *l'adoptio*, à *l'emancipatio* parlaient d'une compétence réservée aux magistrats supérieurs, d'*imperium*, de *legis actio*. Ils ne pouvaient viser le *jus acta conficiendi*, d'une compétence plus commune. — S'en tenant dès lors soigneusement aux textes, Cujas limita les applications de la juridiction volontaire à l'adoption, à l'affranchissement et à l'émancipation. Le trait commun de ces actes était, suivant lui, de n'exiger ni *cognitio causæ*, ni *decretum* de la part du préteur. Il entendait par là que

<hr>

(2) Merlin, *Rép.*, vₒ jur. grac , n. 3.
(3) Rauter, cit. p. 4.

ce dernier n'avait pas de recherches à faire pour démêler le droit, ni de sentence solennelle à rendre comme
au cas d'une contrainte. En effet, d'une part l'acte ne
dépendait que de la volonté desparties, pourvu qu'elles
fussent dans les conditions voulues par la loi (1) : et
la preuve en était que le magistrat pouvait l'accomplir pour son propre compte. D'autre part, il s'effectuait sans aucune cérémonie, en dehors du tribunal et
même un jour de fête (2). — Ayant ainsi défini les
actes de juridiction volontaire par l'absence de *decretum* et de *cognitioc ausæ*, Cujas crut pouvoir ajouter aux trois que nons venons de citer la *bonorum
possessio edictalis*, comme présentant les mêmes
caractères (3).

Mais ses disciples furent moins prudents. Imbus de
l'idée que l'opposition du volontaire et du contentieux, restreinte aux actes juridictionnels, était du
moins générale en cette matière (4), ils voulurent

(1) « Hœc (adoptio, emancipatio) fiunt inter eos qui præsentes in
jure sunt sponce, et ideo voluntaria juris dictio hœc dititur. Et
hœc quidem notio... magistratui proprio jure competit facilius
quam contentiosa... Hœ... notiones sunt jurisdictionis potius
quam imperii. » Cujas, *in Dig.*, l. 2, t. 1 : T. VII, col. 59, lit. D.

(2) Sauf l'urgence, un décret rendu cum cognitione causæ
n'eût pu être expédié un jour de fête, même du consentement des
parties, : « cum judicantibus quoque sint feriæ » dit d'Argentré,
qui cite Balde (*in Cons. Brit.*, t. I, art. 1, n. 1, nᵒˢ 1 et 2, *in pr.*).

(3) Cujas, ib., *in Nov.* 95 (T. II, col. 1129) Nous avons commenté
son bref exposé à l'aide des auteurs qui adoptèrent ses vues.

(4) « *Vulgatissima (divisio) est quod alia jurisdictio voluntaria sit, alia contentiosa.* » Voët, *ad Pand* l. II. t. I. n. 3).

répartir tous les actes du magistrat dans l'une ou l'autre de ces deux catégories (1). Certains se prêtaient à l'assimilation : tels, au point de vue **du** contentieux, les interdits et les stipulations prétoriennes, *quæ actionis instar obtinent* (4). Mais il n'en allait pas toujours de même. Nos auteurs eurent beau faire preuve d'une subtilité toute romaine, ils se heurtèrent à l'impossibilité absolue d'établir leur double division sur la base préconisée par Cujas.

Doneau nous en fournit le meilleur exemple. Il avait défini la juridiction contentieuse celle qui est exercée *in invitos, cum judicii contentione* : ce sont en bloc les actes qui tendent à un *judicium* et dont le résultat est une exécution forcée (5). La volontaire, elle, est exercée *in volentes*, dans des affaires *quæ geruntur extra judicium magistratus auctoritate* (1). Or le jurisconsulte commence par subdiviser les actes volontaires en deux classes. La première comprend l'*adoptio*, la *manumissio* (sauf celle qui est exercée par un mineur de vingt ans), l'*emancipatio*, la *bonorum possessionis agnitio* : actes qui exigent à peine de nullité l'*auctoritas* et *comprobatio*

---

(1) Constater dans Merlin, *Rép.*, v₀ jur. grac., n₀ 5, le caractère hypothétique de cette extension de la juridiction volontaire.

(2) 37. Dig. 44,7 *de Obl.*

(3) Donenu, *De jur. civ.*, l. XVII, noˢ 11 et 12.

(4) Ibid., n. 15. « *Ut hæc sola nudaque privatorum voluntate transigerentur priscis inconveniens visum est.* »

du magistrat, mais où cette dernière est donnée *sine cognitione causæ*. Vient ensuite une autre catégorie : le décret sur la transaction d'aliments laissés par testament, sur l'aliénation de biens de mineur, la *bonorum possessio decretalis*, l'affranchissement réalisé par un mineur de vingt ans. Ces actes exigent un décret rendu *cum cognitione causæ*, et par suite ne peuvent s'accomplir *de plano* : aussi Cujas ne les attribuait-il pas à la juridiction volontaire. Doneau est d'un avis différent, parce que ces actes sont accomplis *in volentes*, et qu'après tout *judicare* est, d'après Varron, *jus dicere* (1). Ceci est déjà fort. Cependant Doneau, malgré sa largeur d'interprétation, se voit obligé d'admettre une juridiction intermédiaire entre la volontaire et la contentieuse. Elle a trait à la nomination de tuteur et de curateur qui s'exerce *etiam in invitos*, mais *sine judicii contentione* (2).

Heineccius reconnaît aussi une juridiction mixte entre celle *quæ inter volentes et sine causæ cognitione exercetur*, et celle *quæ inter invitos et litigantes cum causæ cognitione explicatur* (3). De même

----

(1) Bartole, *in Dig.*, de jur. omn. jud. loi, Prima (T. IV, p. 56) : « Judicare proprie est dirimere litem quæ est inter partes... Jus dicere potest etiam, ubi nullum litigium, ut... quæ sunt misti imperii, nam idem est dicere judex quod jus dicens, quia detrahitur littera *s* de medio ».

(2) *De jur. civ.*, l. XVII, c. VIII, nᵒˢ 7 à 13.

(3) Heineccius, *Elem. jur. civ.*, § 249 à 250 (T. VI, p.) 70. — *De dominis, subditos in judic. suo conven*, (t. II, exercit. 65), § 8. —

Voët (1). Ces auteurs signalent des actes qui se rapprochent de la juridiction volontaire comme n'entraînant généralement pas de contestation et s'accomplissant les jours fériés, qui s'en éloignent par la *cognitio* requise, la liberté de décision laissée au juge, et l'abstention exigée de celui-ci dans sa propre cause (2).

L'on avait bien pu, sur la foi d'un texte mal interprété, imaginer une division de tous les actes juridictionnels en deux catégories : contentieux et volontaire. Comme ensemble vague, comme vue de l'esprit, cela était satisfaisant. Mais à mesure que l'on venait à creuser cette pensée, à en faire l'application, on voyait surgir d'insolubles difficultés. Elles se traduisent par la reconnaissance d'une catégorie mixte; c'est la condamnation de la double division, prouvée insuffisante. Le même fait se produisait au reste, à la même époque, pour une autre théorie juridique, celle des statuts. Après avoir vainement essayé de faire rentrer dans la théorie du statut réel ou dans celle du statut personnel des actes qui s'y refusaient obstinément, les juristes se résignaient à admettre une catégorie mixte : ce qu'il eût fallu, c'eût été rendre la divi-

Pothier (Pand., T. 1, n₀ 8) dit « in volentes », visant le cas où il n'y a qu'une partie à l'acte.

(1) Voët, *ad Pand.*, l. II, t. I, n° 3 in pr.

(2) Ib., n° 4. Tels sont, d'après lui, la nomination de tuteur, le décret sur l'aliénation des biens de mineur, l'insinuation des donations et l'ouverture du testament.

sion tripartite (3). De même, ici, l'on voulait assimiler à la *legis actio* volontaire des actes d'une nature toute différente, impliquant l'intervention active du magistrat, et n'exigeant pas d'une manière absolue l'agrément des intéressés : des actes créés en dehors de la distinction primitive du volontaire et du contentieux. Quelques-uns se pliaient tant bien que mal à une accommodation ; d'autres résistaient à toutes les tentatives.

Sans doute cela est du droit romain : Doneau, Voët, Heineccius commentent les Pandectes. Mais oublie t-on que de Pansey, Merlin, M. Bertin s'en réfèrent à eux, sur l'existence et le caractère de l'opposition gracieux-contentieux ? De fait, leur mission a bien été de la restreindre au domaine judiciaire, et de l'étendre, par contre, à tous les actes juridictionnels. Il est donc juste que nos civilistes s'en réclament, eux qui partagent cette interprétation.

C'est pourquoi nous avons longuement analysé l'opinion des commentateurs.

De notre examen ressort qu'ils n'ont pu cataloguer sous la même rubrique tous les actes judiciaires non contentieux. Si, conformément à la vieille notion de juridiction volontaire, on envisage la part faite, dans leur réalisation, à la volonté des parties, on doit avouer que dans un grand nombre de cas, celle-ci

(1) Lainé. *Introduction au droit international privé*, T. II, p. 24 et suiv.

s'incline finalement devant la volonté du magistrat.
La liste des actes dévolus à la juridiction non contentieuse du prévôt de Paris en fait suffisamment foi. (1).
A vouloir tenir la balance égale entre ces deux facteurs de l'acte; l'initiative privée et l'autorité publique, les maîtres que nous venons de citer ont épuisé
vainement leur science. La question de prépondé-
rance doit être résolue au profit tantôt de l'une, tantôt de l'autre.

Aussi la jurisprudence de l'époque n'a-t-elle pas
suivi la doctrine dans ses distinctions épineuses. De
Ferrière ne consacre à la juridiction volontaire qu'une
brève indication, sans portée réelle (2), et Guyot n'est
pas plus long, en ce qui concerne le terrain judiciaire (3).
Sans doute la pratique, s'inquiétant peu d'une théorie
d'ensemble, tranchait au mieux, pour chaque cas particulier, les questions de détail : expédition des affaires en chambre du conseil, au domicile du magistrat,
les jours fériés, etc. Ces règles de procédure ne sont
d'ailleurs pas exclusivement propres aux actes volontaires.

Le problème n'en subsiste pas moins, et nous le

---

(1) « Nominations de tuteur, de curateur *ad litem* ou aux biens
d'un absent, ouverture des testaments, autorisation aux femmes
ou filles d'ester en justice, en l'absence de leurs maris ou pères, homologation des ventes de biens de mineurs, etc. » (V. Glasson,
Histoire du droit de la France, T. VI., p. 321).

(2) De Ferrière, *Dict.*, vᵒ juridiction.

(3) Guyot, *Rép.*, vᵒ contentieux.

voyons réapparaître chez tous ceux de nos auteurs modernes qui reproduisent les anciennes conceptions. L'unité qu'ils donnent à leur juridiction volontaire n'est qu'une apparence, résultat de quelque artifice de langage. — Ainsi Rauter la subdivise en gracieuse et en volontaire proprement dite, selon que l'acte exige ou non, un examen de la part du juge (1). C'est reconnaître deux classes d'actes, de natures différentes. — On peut dire la même chose de Merlin et de Henrion de Pansey. Ils caractérisent leur juridiction volontaire par l'absence de *cognitio causæ* : mais pour y parvenir, ils empruntent à d'Argentré une distinction touchant la *cognitio causæ*. Le commentateur de la coutume de Bretagne, traitant des actes qui peuvent s'accomplir un jour férié, avait rencontré parmi eux la *tutoris datio* (2). Or cet acte exigeait une information de la part du juge : et de tels actes ne pouvaient s'accomplir, en principe, que les jours ordinaires (3). Pour concilier la règle et l'exception, d'Argentré proposait de distinguer les affaires qui requièrent *legitima causæ cognitio*, c'est-à-dire qui sont débattues entre le demandeur, le défendeur et le juge; et celles qui demandent seulement une *informatoria causæ cognitio*, dont le seul but est d'éclairer l'esprit du juge, « ut postulanti potestatem suam accommodat; sed

---

(1) V. supra, **p.** 3.

(2) 3, 3, Dig. 26, 1 *de tut*. — Comp. Durandi *Spec.*, l. ll, part. l, § 2, n° 3.

(3) V. suprà, p. 47, n° 1.

« adversarium et intercedentem nullum habent (1). »

C'est en usant de ce procédé que Merlin (2) et de Pansey ont pu comprendre sous l'étiquette de volontaires la plupart des actes qui composent notre juridiction gracieuse, et l'information personnelle du magistrat en est, du coup, devenue l'un des traits distinctifs (3). Seulement Merlin reconnaît une classe d'actes dui n'y est pas soumise; et s'il la néglige, comme étant peu nombreuse (4), elle n'en atteste pas moins la survivance de l'antinomie que nous avons signalée.

Quant à M. Bertin, tout en croyant continuer la vieille tradition de la juridiction volontaire, il s'en est considérablement écarté en attachant le caractère volontaire ou contentieux, non à l'acte, mais à la demande, et en reconnaissant la juridiction gracieuse comme l'ensemble des « actes d'administration et de tutelle judiciaires. » Ce langage nouveau le range parmi les adeptes de la doctrine dont nous allons parler.

(1) Tels la nomination de tuteur, le décret sur l'aliénation de biens de mineur : d'Argentré, *in Cons. Brit.*, t. 1, a. 1, n. 1, n° 2. — Ce n'était pas la seule ressemblance extérieure entre la datio tutoris, et l'adoptio ou l'emancipatio. La loi organisant la tutelle permettait la dation de plano, et ne souffrait ni le terme ou la condition, ni la délégation de ce pouvoir. En revanche, il y avait une cognitio causæ, et le magistrat ne pouvait agir en sa propre cause Accarias, *Précis*, T. 1, n° 135 A).

(2) Merlin, *Rép.*, vᵒ jurid. grac., n° 4.

(3) V. suprà, p. 13.

(4) Merlin, loc. cit., n° 3, p. 106.

L'École française. — Cette nouvelle et dernière façon de définir l'acte de juridiction volontaire consiste à l'entendre d'un acte dû au bon vouloir du titulaire de la juridiction.

C'est en droit ecclésiastique que nous en constatons la première application. Loyseau (1) et de Ferrière (2) nous apprennent que ce droit divise la juridiction en contentieux, qui dépend de la puissance judiciaire, et en volontaire (ou *gracieuse,* ajoute de Ferrière), qui dépend de la *puissance d'administration.* La première consiste à vider les procès; la seconde est établie pour les affaires spirituelles ou quasi-spirituelles qui dépendent de la volonté de celui qui a droit d'exercer cette juridiction.

C'est dans le même sens que l'avocat Dareau. nous trace au XVIIIe siècle l'opposition générale du gracieux et du contentieux « en matière de pouvoir et « d'autorité. Le gracieux est ce qui ne dépend que de « la volonté de celui qui l'accorde, quand il peut le « faire sans nuire à personne. Le contentieux est ce « qni est lié à l'intérêt des tiers : on ne peut statuer « sans avoir entendu la partie intéressée, ou du moins « sans qu'elle ait été dûment appelée. » (3) L'auteur fait ensuite l'application de ce double pouvoir anx évèques et aux intendants des généralités. Pour les

(1) Loyseau, *Offices,* l. l, c. **V**, nos 17 et 19; l. **V**, c. **VI**, no 13.
(2) De Ferrière, *Dict.* vo jurid. ecclésiastique.
(3) Guyot, *Rép.,* vo contentieux.

premiers, la juridiction gracieuse consiste dans la liberté qu'ils ont d'accorder ou de refuser des permissions, grâces, faveurs, dispenses : c'est l'administration des ordres et sacrements, la collation des bénéfices, l'institution canonique etc., (1). Pour les intendants, « lorsqu'on leur demande des per- « missions, remises, modérations, etc., on peut « dire que ces objets sont de la juridiction gracieuse. « Ceux au contraire qui ont rapport à des droits par- « ticuliers, sur lesquels il intervient des contestations « qui leur sont attribuées par des règlements, appar- « tiennent à leur juridiction contentieuse, et il ne leur « est point permis de statuer arbitrairement (2). »

Voici donc l'arbitraire introduit comme une caractéristique de la juridiction *gracieuse*. Notons que pour la première fois nous trouvons cette épithète sous la plume de nos anciens juristes. Elle convient, en la circonstance, mieux que l'adjectif « volontaire ». Ce dernier prêtait à l'équivoque, comme pouvant s'appliquer à l'un ou l'autre des facteurs de l'acte, aux parties ou au magistrat ; et il est évident que l'on a usé de cette équivoque pour introduire dans la terminologie romaine une tradition étrangère au droit romain.

---

1) Dans certains cas, le pouvoir discrétionnaire de l'évêque est limité par l'obligation de donner un refus motivé : V. Guyot, *Rép.*
(2). Guyot, *Rép.*, v° contentieux v° visa.

Quelle tradition ? Canonique ? Peut-être (1). Peut-être aussi nous vient-elle des mœurs germaniques. Au dire de Heineccius, les Germains avaient un tel respect de leurs magistrats, qu'ils sollicitaient comme une grâce l'intervention que le juge était tenu de leur accorder (2). De fait, nous voyons en France, au xviiie siècle encore, beaucoup d'instances commencer par requête (3) ; et, d'autre part, nous avons signalé une répugnance générale à faire du magistrat l'instrument de la volonté des parties (4). Tout ceci répond assez à l'idée d'accoupler les deux mots « juridiction » et « gracieux » (5).

Quoi qu'il en soit de son origine, cette notion a persisté dans notre droit administratif, qui nomme recours gracieux les appels dont le sort est à la discrétion de l'autorité supérieure (6). Non seulement en effet ces réclamations ne poursuivent pas la reconnaissance d'un droit préexistant ; mais encore elles ont pour but de faire prévaloir un intérêt sur le droit

(1) Durand parle de la levée de l'excommunication à propos d'actes volontaires : v°.§2, n°7 *Spec. juris*, l.11, part.1, de feriis (p 153).

(2) Heineccius, *Elem jur. germ.* (T. X11), l. IV, § 154 et 155. — V. dans le même auteur un intéressant parallèle du droit germain et du droit romain : *De suprema tutela* (T. 11, excercit. 20), § 15 à 17 ; *De loc. cond. jurisd.* (T. 11, exercit. 33), c. 1, § 3 et 8.

(3) Guyot, *Rép.*, v° requête. — En Lorraine c'était le seul mode d'introduire une instance.

(4). V. supra, p. 46.

(1). La juridiction gracieuse était distincte de la contentieuse dès l'époque franque (Glasson, *Hist. du droit de la France*, T. VI, p. 467). Elle n'est pas d'origine romaine (ib., T. V, p. 71).

(2). V. supra, p. 7.

commun. La qualification de « gracieuses » s'applique à merveille, dans ce cas, aux décisions administratives.

Ce sens est malheureusement, peu compatible avec le terme de « juridiction ». Ce dernier « ne saurait « exactement s'appliquer quand il n'y a point à dire « le droit, mais à trancher des questions d'équité et « d'opportunité (1). » En d'autres termes, le caractère purement discrétionnaire d'actes, tels que ceux dont il s'agit ici, est exclusif du caractère juridique : si bien que l'opposition administrative entre le gracieux et le contentieux se ramène, au fond, à une opposition entre des actes d'ordre purement administratif, et d'autres, les jugements, constitutifs de l'ordre judi ciaire (2).

Dans notre langue, en effet, la juridiction est le pouvoir de celui qui a le droit de juger (3). « La loi « confère une juridiction toutes les fois qu'elle donne « le droit d'appliquer les lois aux cas particuliers, par

---

(1). Laferrière, *Jurid. adm.*, liv. prél., c. 1, p. 5.

(2) L'opposition judiciaire — administrative est tangible dans le droit ecclésiastique, où l'évêque est tenu de déléguer la juridiction contentieuse à l'official, tandis que la juridiction gracieuse est exercée par lui ou par le grand vicaire (de Ferrière, *Dict.*, vo jur. eccl.).

(3) C'est déjà la définition de Guyot (*Rép*, vᵒ, juridiction). Il, est vrai que l'on pouvait encore jouer sur le mot juger, à une époque où la séparation des pouvoirs n'était pas faite comme elle l'est de nos jours.

« des décisions dont elle règle la forme et qu'elle
« prend l'engagement de faire exécuter. » (1) On ne
saurait étendre ce terme au pouvoir général d'accorder des grâces, ainsi que les interprètes du droit
administratif l'ont fait.

Mais tout en rejetant cette façon d'entendre la juridiction gracieuse, nous devons signaler quelque divergence parmi les auteurs qui semblent avoir suivi
ce courant d'idées.

Loyseau et Domat nous offrent dudit pouvoir une
acception un peu différente de celle que nous présentent de Ferrière et Guyot.

Domat, partant de l'idée que la juridiction est le
pouvoir des magistrats (2), et divisant les pouvoirs
juridictionnels selon qu'ils ont trait à la justice, à la
police ou aux finances, distingue dans chacune de ces
matières la juridiction contentieuse et la volontaire (3). L'une s'exerce entre parties dont on juge les
différends. L'autre s'exerce « sans parties et sans con-
« testation, par le pouvoir de faire les règlements, et
« par une direction d'un détail d'affaires de la connais-
« sance de ceux qui exercent cette juridiction, »
Comme exemples, on en peut citer les règlements, les
réceptions et installations d'officiers, les scellés, les

(1) H. de Pansey, *De l'autor. jud.*, c. VI
(2) V. supra, p. 37, n. 3, notre remarque sur l'abus fait de ce
mot
(3) Domat, *Lois civ.*, T. II, l. II, t. I, sect. 1, a. 28.

nominations de tuteurs, inventaires, etc. Ainsi les officiers de finances ont en principe une juridiction volontaire et de direction, et quelques fonctions de juridiction contentieuse; la règle est inverse pour les Parlements (1).

Sans doute, ces vues sont trop générales, et nous ne pouvons admettre ce langage. Domat comprend, à la fois, dans la juridiction volontaire : le pouvoir réglementairé, celui d'accorder des faveurs, les actes qui regardent la discipline intérieure des corps constitués et n'intéressent point les intérêts privés, les actes dits volontaires, ceux de tutelle administrative, judiciaire... Bref, comme il le dit très bien, c'est l'ensemble des actes non contentieux : ce qui nous démontre, une fois de plus, que sous cette définition négative on peut ranger une quantité d'actes de natures différentes. Mais l'intéressant de cette nomenclature est qu'elle met en relief un caractère vague et général d'administration, au lieu de l'arbitraire incompatible avec notre notion de la juridiction.

Ce caractère administratif, Loyseau en faisait précisément l'application aux actes non contentieux émanant des magistrats de l'ordre judiciaire. Ce qu'il relevait dans l'adoption, dans la manumission, et jusque dans l'autorité des contrats publics, c'est que ces

-----

(4) Domat, loc. cit. sect., 2, a. 10.

actes sont «*magis imperii quam jurisdictionis* (1). »
Aussi ne craint-il pas d'y assimiler, outre l'envoi en
possession, les décrets de justice, restitutions en entier,
« et autres tels actes de cérémonie, lesquels reluit et
« paraît l'autorité et puissance du magistrat. » (2)

C'est, à peu de chose près, le système de M. Bertin,
et l'on doit convenir qu'il présente, au regard des
autres, une netteté apparente qui prévient en sa
faveur.

« Les magistrats ont une double mission à remplir,
« celle de juger, et celle qui consiste à procéder à des
« actes d'administration » (3). Lorsque l'un d'eux ne
remplit pas sa mission principale, qui est de trancher
« testations, (4) « il est évident qu'il ne juge pas; s'il
« ne juge pas, il administre; il ne nous paraît pas pos-
« sible de qualifier autrement que nous venons de le
« faire les fonctions que le magistrat remplit en de-
« hors de celles de juge » (5).

Mais n'allons nous pas encourir, avec cette théorie,
le reproche que nous formulions précédemment? Toute
mesure administrative comporte une liberté, non-
seulement de décision, mais encore d'appréciation. Un
jurisconsulte, M. Bazot, a même proposé le nom de

(1) V. supra p. 17, n. 4, et p. 47, n. 1.
(2) Loyseau, *Offices*, l. I, c. V, n₀ 45.
(3) Bertin, *Ord. sur req.*, (*Extrait.*), p. 16.
(4) Rauter, *Proc. civ.*, p. 37, n. 1.
(5) Bertin, loc. cit.

« juridiction discrétionnaire », pour désigner les ordonnances accordées sur requête par le Président du Tribunal (1). Or nous avons déclaré l'idée de juridiction incompatible avec celle d'entière discrétion. Dans quelles limites un acte juridictionnel peut-il donc être discrétionnaire?

La réponse, très bonne, a été donnée par M. Bazot lui-même (2). Un acte administratif ne peut être qualifié de juridictionnel, s'il n'émane d'une autorité judiciaire. En revanche, tout acte de cette dernière est soumis à des lois spéciales, marqué d'une empreinte uniforme. Il n'est jamais spontané ; il ne peut être ni rétracté ni modifié par celui qui l'a émis; il ne saurait, sans mépris, être qualifié d'arbitraire. D'autre part, le juge ne peut refuser une décision, à peine de déni de justice, et sa sentence est en principe sujette à l'appel. Autant de caractères distinctifs de la mission qui lui est donnée par la loi et qui permettent d'étendre à tous ses actes, la qualification de juridictionnels : même à ceux pour lesquels ce caractère dominant au contentieux, serait accessoire. Telles ces mesures d'administration comportant un certain pouvoir discrétionnnaire.

Ayant ainsi précisé ce qu'est un acte de juridiction

(6) V. la doctrine entière de M. Bazot dans la *Revue critique de législation*, 1875, p. 225, 240.

(7) Bertin, *Ord. sur req.* (*Extrait...*), p. 14 et s.

et limité notre sujet aux actes judiciaires non contentieux, nous allons aborder l'étude de ceux-ci.

Nous avons terminé cette exploration des antécédents, indispensable selon nous. A la vérité, ce n'est pas sans profit, puisqu'elle nous a permis de reconnaître et de critiquer trois écoles différentes dans l'apparente confusion des théories modernes.

Nous avons démontré, dans notre premier chapitre que l'on s'appuyait vainement sur ies textes romains pour établir une double division des actes de justice en contentieux et en gracieux ou volontaires. L'histoire de notre droit nous apprend, à son tour que ces deux adjectifs, usités comme synonymes, désignent en réalité deux conceptions adverses de la juridiction non contentieuse. Quelle part doit-on faire à chacune? Nous allons le demander à l'examen des caractères positifs qu'offrent les actes de cette juridiction.

CHAPITRE III

Nulle des théories émises dans notre ancien droit sur la juridiction volontaire ou gracieuse n'a rallié l'unanimité des suffrages. Il en est autrement de la juridiction contentieuse : nous avons trouvé les jurisconsultes d'accord sur cette notion.

Il y a contentieux quand il y a contestation, litige porté en justice.

Cette définition est très simple et très nette. Son application toutefois est délicate, dans certaines espèces. Les différentes parties de l'œuvre judiciaire, comme celles de tout organisme vivant, s'entre-tiennent, et la distinction en est difficile à leur point de contact. De là des hésitations sur lesquelles il importe d'être fixé, pour savoir ce qu'on entend par juridiction non contentieuse.

Beaucoup de ceux qui ont entrepris cette recherche étaient préoccupés d'une idée : l'assimilation des actes douteux à l'un des deux caractères, le gracieux ou le contentieux. Il en résultait, selon leur entente du gra-

cieux, quelques oscillations que nous avons signa-
lées (1). Notre marche sera l'inverse. N'ayant pas
déterminé *a priori* la nature, si discutée, des actes
non contentieux, nous délimiterons leur ensemble
en partant de la notion, admise par tous, de l'acte
contentieux.

A quels caractères peut-on reconnaître ce dernier?

Une personne, se prétendant lésée dans son droit,
s'adresse aux tribunaux, pour faire reconnaître ce
droit vis-à-vis d'une autre, qui le lui conteste. Il y a
procès (2). La sentence porte une appréciation du dire
des parties, avec obligation pour elles de s'y soumettre. En un mot, l'action, née de la lésion du droit,
tend au jugement (3), qui lui-même tend à la contrainte : « *In judiciis quasi-contrahimus* (4). »

Que si l'on veut analyser plus à fond les caractères et les effets du jugement, l'on y trouve : chose
jugée par rapport aux parties, dessaisissement du
tribunal, transformation du droit du demandeur,
exécution forcée (5). Telle est la terminaison judiciaire
d'une contestation, quel que soit le droit ou l'intérêt
mis en question.

(1). V. *supra*, p. 9 à 10.
(2) Glasson, note dans Dalloz, 1883. 2, p. 97.
(3) Garsonnet, *Tr. de proc.*, T. V, § 1174.
(4) V. Esmein, *Etude sur les contrats*, p. 227.
(5) Plus, dans certains cas, la cessation des effets de la demande,
la rétroactivité de la chose jugée et l'hypothèque judiciaire : v.
Garsonnet, *Tr. de proc.*, T. III, § 460 et suiv.

Toutes les fois notamment que d'un acte judiciaire résulte la possibilité d'une contrainte pour l'une des parties contre l'autre, nous pouvons affirmer qu'elle résulte d'un acte de juridiction contentieuse.

Mais, dans notre procédure actuelle, la contradiction se révèle par l'ajournement donné au défendeur. C'est pourquoi M. Bertin propose de définir une affaire suivant les circonstances, assignation ou requête, dans lesquelles elle se présente au magistrat; de s'attacher, en un mot, au caractère de la demande, plutôt qu'à l'accord des parties ou à la nature de la chose demandée (1).

L'accord des parties suffit-il en effet à rendre une procédure non contentieuse?

Cela semble résulter de certaines définitions de la juridiction volontaire. Nous avons vu que M. Bertin signale le danger qu'il y aurait à s'engager dans cette voie, au point de vue de la violation des règles de compétence (2); et tout le monde, en effet, déclare inadmissible que des parties puissent, de leur seul consentement, porter à la décision de tel organe de l'autorité publique une affaire qui, d'après la loi, ressortit à tel autre : par exemple, faire juger une

____

(1) Bertin. *Projet de loi*, p. 7.
(2) V. suprà, p. 4.

question de partage par la Chambre du Conseil (1). Mais dès que les règles de la compétence ne sont plus en jeu, l'argument tombe. Ainsi le jugement de partage, soumis au Tribunal dans les formes ordinaires, doit-il être qualifié d'acte contentieux, si tous les impétrants sont manifestement d'accord? D'une façon générale, un jugement rendu sur conclusions conformes des parties n'appartient-il pas à la juridiction gracieuse?

Rien ne dit que l'exercice de celle-ci soit exclusivement confié au Tribunal réuni en Chambre du Conseil. De même qu'il se réunit ainsi pour délibérer sur quelques affaires contentieuses, il pourrait, à l'audience, se trouver investi de fonctions non contentieuses. Les Codes exigent bien cette publicité pour le prononcé de certaines décisions rendues sur requête (2). L'objection de M. Bertin ne fait donc pas obstacle à ce que l'on considère les jugements d'expédient comme gracieux.

(1) De même que chacun attribue au Tribunal le pouvoir et même le devoir de rejeter les conclusions présentées d'accord par les parties, si elles renferment des points contraires à l'ordre public (Glasson, note dans Dalloz, 1886. 2, p. 73). Aussi sont-elles communiquées au ministère public. (Garsonnet, *Tr. de Proc,*. *T.* V. § 1222, n. 1).

(2) 358 C. c., 858,997 C. Pr. — Quelques auteurs ont même conclu, dans tous les cas, à la publicité des décisions rendues sur requête, car la loi les qualifie de jugements. Les autres regardent la publicité comme exceptionnelle. V. la discussion dans **Bertin**, *Chambre*, nos 44 et s.

Ceux des auteurs, qui tiennent pour l'affirmative, voient dans cet acte un contrat, accessoirement revêtu de la forme d'un jugement. Mais il convient de noter que d'abord ils restreignent cette définition au cas où il résulte du jugement même, et non de preuves extrinsèques, qu'il s'est agi d'un simple donné acte d'accord. Et même cela ne suffit pas toujours : le jugement qui donne acte d'une reconnaissance d'écriture est contentieux, « car, dans ce cas, il n'y a pas convention « des parties, et c'est un droit, reconnu par la loi, pour « le créancier porteur d'un acte sous seing privé, d'ob- « tenir de la justice un titre exécutoire (1). »

Aussi quelques-uns déclarent-ils que la preuve de l'accord doit résulter d'une mention formelle insérée dans le jugement. Ceux-là penvent encourir le reproche de déroger aux règles de compétence, car le pouvoir de constater et de rendre exécutoires les conventions des parties a été confié aux notaires, non aux tribunaux (2).

Ensuite, quant aux effets du jugement d'accord proprement dit, les mêmes auteurs ne s'entendent pas toujours. Dans quelle mesure est-ce un contrat ? Dans quelle mesure est-ce un jugement? Question sujette à controverses.

Nous adoptons, quant à nous, l'opinion des juriscon-

---

(1) Glasson, dans Dalloz, 1886. 2. p. 73 à 74 : V. cette note, qui résume la question tout entière.

(2) Bertin, *Chambre*, n° 22.

sultes qui voient dans tout jugement d'accord un acte de juridiction contentieuse.

Au fond, la théorie contraire procède uniquement d'une fausse notion de la juridiction volontaire. On rappelle l'*in jure cessio*. Or si nous avons fait de la *legis actio* volontaire un acte de juridiction véritable en droit romain, nous soutiendrons à plus forte raison cette opinion dans notre droit : aucune place à part n'y est faite au jugement d'expédient, que la loi ne connaît pas (1). — Veut-on se réclamer des commentateurs du Digeste? Ils sont unanimes à refuser la qualification de volontaire au jugement d'accord (2).

Pour nous, que ne hante pas cette opposition du volontaire au contentieux, démontrée insuffisante, l'hésitation n'est pas possible. Nous avons en effet défini l'acte contentieux comme l'acte judiciaire susceptible d'engendrer une contrainte au profit de l'une des parties contre l'autre. N'est-ce point ici le cas? Refusera-t-on à l'un des plaideurs le droit de se prévaloir de la sentence, au même titre et de la même façon que dans tout procès? Il faudrait, pour cela, que le Code portât, dans la circonstance, une exception aux effets des jugements, et nulle exception n'est faite (3). D'ailleurs, si l'on reconnaît aux personnes

(1) Ajoutons qu'il n'offre même pas ce caractère particulier de l'in jure cessio, d'être attributif de droits.

(2) Voët, *ad pand.*, l. II, p. I, n° 3 — Doneau, *De jur. civ.* l. XVII, c. VIII, n° 11.

(3) Garsonnet, *Tr. de proc.*, T. V, § 1222

le droit de passer un contrat en justice, ne faut-il pas, pour donner un sens à cette faculté, admettre qu’elles ont voulu obtenir autre chose qu’un simple acte notarié : c’est-à-dire un jugement avec ses conséquences?

La forme l’emporte donc sur le fond : ce qui est en quelque sorte un principe en matière de procédure (1). « Un jugement qui intervient entre deux parties, dans une matière sujette à litige, et sur laquelle leurs intérêts et leurs volontés se trouvent accidentellement en harmonie, n’en appartient pas moins à la juridiction contentieuse, parce qu’il y a nécessairement juridiction contentieuse là où il y a pouvoir de commander à l’une des parties ce que l’autre exige d’elle (2). »

L’article 838 C. c. nous en fournit la preuve expérimentale. Que l’on trouve excessives les précautions prises par la loi, que l’on souhaite l’application d’une procédure plus simple, c’est fort bien. Le partage, auquel sont intéressés des mineurs, n’en est pas moins soustrait aux formes des aliénations de biens amiables de ces mêmes mineurs; et le Code entend si bien lui donner un caractère contentieux, qu’il prescrit la nomination d’un représentant particulier à chaque mineur (3). Comme ce partage s’accomplit conformément aux mêmes règles que tous les autres, on doit en con-

(1) Glasson, loc. cit.,
(2) Merlin, *Rép.*, vᵒ jurid. grac., nᵒ 1.
(3) Bertin, *Chambre*, nᵒ 502.

clure que tout partage fait en justice est de même
nature, que les parties s'entendent ou non.

Autrement dit, nous refusons à cette entente une part
prépondérante dans la détermination des actes de juridiction contentieuse. Leur nature spéciale tient au pouvoir du magistrat, qui juge, c'est-à-dire est mis en
mesure d'apprécier le droit des impétrants, de prononcer sur ce droit, et de contraindre une des parties
au profit de l'autre. C'est à l'exercice de ce pouvoir,
et non point à une question de bonne volonté, de circonstances, que nous devons nous attacher.

L'accord des parties ne suffisant pas à caractériser
les actes non contentieux, l'on a cherché à les définir
par la nature de la chose demandée.

C'était, nous le rappelons, l'idée qui a principalement guidé nos anciens auteurs, pour qui étaient
volontaires les actes non susceptibles de contestation.

Elle a été reprise à notre époque par M. Cazalens, à
propos des ordonnances sur requête. (2)

Ces ordonnances sont sollicitées du Président du Tribunal, tantôt en vue de lui faire prendre quelque me-

---

(1) *Sic* : Merlin, loc. cit. ; Rauter, *Proc. civ*, nᵒˢ 31, 161 ; Bertin
loc. cit ; . Glasson, loc. cit. ; Garsonnet, loc. cit. ; Boitard, *Cours
de Proc.*, nᵒ 240 (T. 1, p. 235 à 236). — *Contrà* : Rousseau et Laisney,
Dict. de proc. civ., vᵒ jugement, nᵒˢ 45 et s. ; Nouguier, *Des trib.
de commerce*, T. III, p. 115 à 116.

(2) Cazalens, notes dans Dalloz, 1875. 2, p. 73, 105, 137.

sure, tantôt en vue de procéder à un acte pour lequel
son autorisation est exigée. La fixation des jours d'ouverture d'une enquête ou d'un ordre, la commission
d'un huissier pour signifier un acte, etc. rentrent dans
la première catégorie. La seconde comprend les autorisations de saisie-arrêt, de saisie-revendication; celle
donnée à la femme, qui veut se séparer ou divorcer,
de citer son mari en conciliation, et un certain nombre
d'autres énumérées par la loi (1), plus les cas d'urgence (2).

Or il peut se trouver que, faute de contradiction préalable, le président autorise une mesure qui porte
atteinte au droit de tiers. Quel sera le recours ouvert
à ceux-ci? La solution varie suivant que l'on croit l'acte
du président contentieux ou non, et tel est l'intérêt
qu'offre la nature des ordonnances sur requête.

M. Cazalens distingue entre elles, à cet égard. Les
unes, « n'impliquant l'appréciation et la reconnaissance,
« même provisoire, d'aucun droit sujet à contestation,

---

(1) V. Dalloz, 1875. 2, p. 73, et surtout Berlin, *Ord.*, *sur req.*, p. 83

(2) Du moins on l'admet communément, en donnant une portée
générale à l'art. 54 du décret du 30 mars 1808, ainsi conçu : « Toutes requêtes à fin d'arrêt ou de revendication de meubles ou de mar-
chandises, *ou autres mesures d'urgence* ; celles pour mise en liberté ou pour obtenir permission d'assigner sur cession de biens,
ou sur homologation de concordat, en délibération de créanciers,
et celles pour assigner à bref délai, en quelque matière que ce soit,
seront présentées au président du tribunal, qui les répondra par
son ordonnance, après la communication, s'il y a lieu, au ministère
public. »

« ne peuvent, par leur nature et leurs effets, causer
« aucun préjudice. » Telles sont les ordonnances qui
fixent l'ouverture d'une enquête, désignent un huissier,
autorisent la femme à citer en conciliation préalablement au divorce. Les autres, en bien plus grand nombre, « ont à apprécier le droit prétendu par le requérant
« pour savoir s'il convient d'en refuser ou d'en auto-
« riser l'exercice, et peuvent être la cause d'un préju-
« dice souvent très grave, soit pour le requérant en
« cas de refus, soit pour le tiers intéressé en cas d'au-
« torisation. » Exemples : les autorisations de saisie,
d'envoi en possession pour le légataire universel, etc.
Contre les premières, aucun recours à exercer. Contre
les deuxièmes, « la nécessité d'un recours se justifie
« par cette raison de droit et d'équité, à savoir qu'une
« partie peut toujours attaquer une décision à laquelle
« elle n'a pas été mise à même de défendre » (1). Les voies
seront celles de l'appel, ou plutôt de l'opposition (2),
dont les art. 417 et 1028 C. Pr. parlent à propos des
ordonnances sur requête (3). Il faut bien, en effet, se
résoudre à traiter ces actes comme contentieux, toutes les fois que la mesure qu'ils autorisent peut causer
un préjudice appréciable aux droits ou aux intérêts
d'un tiers; sans cela, il n'y aurait aucune garantie

(1) Dalloz, loc. cit., p. 76.
(2) ib. p. 105.
(3) ib. p. 139.

pour ce tiers. la nature des actes de juridiction gracieuse ou volontaire « résistant à l'idée d'un recours,
« au moins par voie contentieuse. » (1)

Ceci nous montre le vice du raisonnement, qui part
d'un a priori sur l'idée de juridiction gracieuse (2).
M. Bertin répond, avec raison, que si les actes de
juridiction gracieuse (nous disons : non contentieuse)
ne sont pas susceptibles d'un recours de la part des
tiers, c'est qu'ils ne peuvent pas renfermer de contrainte à l'égard de ces derniers. Le magistrat qui
statue sur requête et sans contradiction « ne peut
« se prononcer en connaissance de cause, constater
« le droit du requérant, et, par suite, ordonner la
« mise à exécution de ce droit; il permet, il auto-
« rise (3)... » En d'autres termes, l'ordonnance exigée
par la loi comme une garantie pour la paix publique,
n'est qu'une sorte de visa. Le requérant est autorisé
provisoirement (4), à ses risques et sous réserve du
droit des tiers, à agir comme il prétend pouvoir le
faire (5). Le tiers lésé de ce chef résistera, et portera
la question au contentieux (6). non par recours, puisqu'il n'y a pas chose jugée, mais par voie principale,
comme il le ferait vis-à-vis de tout fait dommageable

(1) Ib., p. 74.
(2) Ib., p. 75.
(3) Bertin, *Projet de loi*, p. 7.
(4) Dalloz, 1875, 2. p. 73.
(5) Bertin, *Ord. sur req.*, nos 69 et s.
(6) En référé, s'il y a urgence (806 C. Pr.

émanant d'un particulier (1). De ce fait, à la vérité, peut résulter un préjudice. Mais, à ce compte, il faut déclarer contentieux le jugement d'adoption, car il préjudicie aux droits des héritiers naturels. Et la désignation d'officiers publics, et l'abréviation du délai d'assignation, ne peut on avoir intérêt à les contredire? Le mari n'a-t-il pas intérêt à faire annuler la citation, préalable au divorce, donnée par un président incompétent? « L'on peut dire qu'il n'est presque pas « de cas, où la loi autorise l'ordonnance sur requête, « où les mesures requises ne présentent ce caractère, « d'appeler ou de provoquer la contradiction par le « préjudice souvent irréparable qu'elles peuvent cau-« ser (2) ». Chacune de ces ordonnances, poursuit M. Bertin, n'en appartient pas moins à la juridiction gracieuse, car, faute de débat devant le magistrat, elle est un acte d'administration, qui ne résout et ne préjuge rien, et se borne à autoriser une mesure conservatoire, ne créant même pas de droit provisoire contre une contestation (3). — Quant aux art. 417 et 1028 C. Pr., ils ont certainement en vue la protection des tiers : mais l'opposition dont ils parlent peut aussi bien s'entendre du recours contre les mesures

(1) Bertin, *Ord. sur req.*, nos 117 et s.

(2) Rapport de M. de Peyramont, (Cass. civ., 26 nov. 1867), dans *Journal du Palais*, 1868, 1, p. 154.

(3) Bertin, *Ord. sur req. (Extrait)*, p. 7 et s. — Sur l'ensemble de la question, V. Glasson, note dans Dalloz, 1883, 2. p. 97.

dommageables elles-mêmes, que contre le visa donné par le Président.

Ce système est, de point en point, conforme aux principes que nous avons adoptés en matière contentieuse.

Nous dirons donc, avec M. Bertin, que la juridiction non contentieuse a sa base, non dans la nature et les résultats de la mesure autorisée, mais dans les moyens d'obtenir l'autorisation. Suivant que nous sommes, ou non, en matière contradictoire, il y a ou il n'y a pas jugement (1).

Quelques applications intéressantes de ces principes. Et d'abord, le jugement accordant au débiteur un terme de grâce, en vertu de l'art. 1224 Code civil est contentieux, malgré le caractère discrétionnaire de cette mesure ; car elle est prise contradictoirement et donne un titre au débiteur contre son créancier.

De quelle nature est l'interdiction ?

Cette procédure semble au premier aspect essentiellement contentieuse. La loi n'admet en la matière ni l'acquiescement, ni même le désistement du recours exercé.

Certes le jugement d'interdiction, et même la procédure, à dater de l'assignation, ont un caractère contradictoire (2). Mais tout ce qui précède : la déci-

(1) Bertin, *Ord. sur req.* (*Extrait*), p. 14.
(2) Bertin, *Chambre*, n⁰ 638.

sion sur requête de la Chambre du Conseil, l'interrogatoire de l'interdit, la nomination de l'administrateur provisoire ?

Ces actes ne sont pas contradictoires, et n'aboutissent pas à de véritables jugements. Sans doute ils tendent à engager une procédure litigieuse : mais à ce point de vue on peut les regarder comme ayant pour but d'autoriser l'exercice d'un droit. Entendus ainsi leur nature est indépendante des actes qui suivent : ils se rattachent à la juridiction non contentieuse de la Chambre du Conseil, comme les ordonnances sur requête à celle du Président.

Et ce qui concerne l'absence ?

Cette procédure est plus malaisément définissable. Elle envisage tantôt les intérêts de l'absent, tantôt ceux de ses successeurs; sans compter l'intérêt social, atteint par cette situation anormale de biens, qui ont un maître en droit, et qui en fait n'en ont pas.

Ces intérêts peuvent sembler en opposition plus ou moins latente. Cependant le conflit n'a lieu, s'il existe, qu'en matière de déclaration d'absence. La procédure de la présomption d'absence n'a trait qu'à l'administration des biens dans le double intérêt de l'absent et de ses héritiers. D'autre part, l'envoi en possession provisoire et l'envoi en possession définitif reposent sur l'enquête de la déclaration d'absence ; et puis, ils tombent par le seul retour de l'absent, sauf les droits conférés aux envoyés, non par l'acte d'envoi, mais par la loi. Il n'y a donc pas, en tout ceci, sentence portée sur des droits litigieux ; mais actes de tutelle, d'administration.

La déclaration d'absence exige, elle, une enquête contradictoire avec le ministère public. De plus elle est entourée d'une publicité anormale en matière non contentieuse et qui semble déceler l'intention de mettre en cause les droits de l'absent.

En fait, ces derniers restent néanmoins intacts ; puisque la décision rendue en faveur des demandeurs tombe par le seul retour de l'absent. Il n'y a pas non plus atteinte portée aux droits des héritiers présomptifs : puisqu'après un certain délai ils peuvent introduire une nouvelle instance.

Quant à la présence du ministère public, attribue-t-elle nécessairement à l'enquête un caractère contentieux ? La loi prononce bien le mot de contradiction : mais nous savons que la division du volontaire et du contentieux n'a de tout temps eu trait qu'aux parties et à leurs intérêts privés. Le ministère public représente la société. Il fait partie du tribunal. C'est au titre de magistrat qu'il est, d'office, le défenseur des incapables. En l'espèce, il ne reçoit pas d'ajournement et ne peut être mis sur le pied d'un particulier plaidant contre un autre. Oserait-on dire que la décision du tribunal, contraire à son avis, constitue un acte coërcitif à son encontre et au profit de la partie qui triomphe? La vérité est que la division du gracieux et du contentieux n'existe pas à l'égard du ministère public. Nous le voyons intervenir et conclure dans toutes les homologations demandées à la Chambre du Conseil : là il représente aussi les intérêts des incapables, et de l'avis unanime, son intervention, même défavorable à la requête, n'enlève pas à l'acte son caractère gracieux. C'est un contrôle supplémentaire de ¦l'autorité publique ; il seconde le tribunal dans son information. Son rôle est identique dans l'enquête prescrite en matière d'absence.

Une question, non de droit, mais de fait, est seule en jeu : « L'absence, dit le tribun Thibaudeau, ne comporte pas des règles aussi précises que les autres matières du droit civil ; le législateur est obligé de se guider d'après des présomptions fondées sur des probabilités. C'est dire que les faits jouent un grand rôle dans l'absence. Or les faits ne peuvent pas se réduire en principes immuables ; il faut laisser au juge le pouvoir de les apprécier (1). »

Toutes ces considérations nous engagent à faire de la déclaration d'absence elle-même un acte de juridiction non contentieuse.

---

(1) Laurent, V. *Principes de Droit civil*, T. II, § 152 à 161 et, dans Locré, l'exposé des motifs du titre des absents, par Bigot-Préameneu : il en résulte que cette partie de la législation est « à l'avantage commun de ceux qui s'absentent..., et de la société entière. »

CHAPITRE IV

Sachant ce que nous entendons par actes contentieux, il nous sera loisible de chercher la nature des actes judiciaires qui présentent un caractère différent, et que l'on comprend généralement sous le nom d'actes de juridiction gracieuse ou volontaire.

Nous en énumérons quelques-uns. Ce sont :

L'homologation des actes de notoriété (1), des délibérations de conseil de famille, des transactions relatives à des droits immobiliers en cas de faillite (2), etc.; la rectification des actes de l'état civil, lorsque la réclamation ne soulève aucune question d'état (3); la sanction judiciaire donnée au contrat d'adoption (4); l'envoi en possession demandé par l'enfant naturel, le conjoint ou l'État (5); les nominations d'administrateur aux biens du présumé absent, de curateur à la

(1) 70 à 72 C. c.
(2) 487 C. Com.
(3) 99 C. c.
(4) 354 et s. C. c.
(5) 767, 778, 770 C. c.

personne, d'administrateur provisoire au cas de demande d'interdiction, etc., les autorisations de vendre les biens meubles du mineur ou de l'interdit, de procéder aux actes conservatoires des biens de l'absent, etc. (1). Tous ces actes émanent de la Chambre du Consile saisie par requête.

En ce qui concerne le Président du Tribunal, citons parmi les ordonnances sur requête : celles qui autorisent les saisies, l'exercice du droit de correction paternelle (2), l'envoi en possession du légataire universel (3), l'assignation à bref délai ; celles qui permettent de citer en conciliation préalablement à la séparation de corps ou au divorce (4) ; l'ouverture du testament olographe ou mystique (5), etc. (6).

Parmi les attributions non contentieuses du juge de paix : l'apposition des scellés (7), la présidence du conseil de famille, la réception des déclarations d'émancipation, le procès-verbal de conciliation, etc. (8).

Comment définirons nous positivement ces actes? Quelle peut-être leur nature?

______

(1) V. Bertin, *Projet de loi*, p. 52 et s.
(2) 375 à 377 C. c.
(3) 1004, 1008 *C*. c.
(4) 865, 875 C. Pr.
(5) 918, 919 C. Pr., 1007 C. c.
(6) V. Bertin, *Ord. sur req.*, p. 83 et s.
(7) 916, 917, C. Pr.
(8) V. Boitard, *Proc. civ.*, n° 611.

Volontaire, disent les uns ; administrative, gracieuse, répondent les autres.

Ce dernier sens nous a paru le mieux justifié, au moins dans la majorité des cas. De l'aveu de tous, la plupart des décisions rendues en matière non contentieuse supposent un examen et une décision de la part du juge. Parcourons la liste que nous venons de dresser : homologations, nominations, autorisations évoquent naturellement l'idée d'administration et de tutelle judiciaires, telle que nous les avons définif. Le pouvoir discrétionnaire du magistrat est limité par le caractère juridictionnel, mais il conserve une latitude d'information, d'appréciation personnelle, une initiative même, qu'il n'a jamais dans une procédure contentieuse. C'est ainsi que dans l'homologation du conseil de famille, il ne sera pas limité aux moyens d'information que lui fournit le requérant; il ne sera pas tenu de motiver son opinion ; il pourra, de son propre mouvement, modifier le projet à lui remis : mettre des conditions à son consentement. L'autorisation d'ester en justice, l'examen d'un faible d'esprit en Chambre du Conseil sont aussi des questions pour la solution desquelles toute latitude appartient aux magistrats. L'adoption même, type romain de la *juridictio volontaria*, exige de nos jours une condition — la bonne réputation de l'adoptant (1) — qui nécessite une enquête.

(1) 355 C. c.

Mais de ce que le caractère administratif semble dominer dans les actes de juridiction non contentieuse, il ne s'ensuit pas que l'ancienne juridiction volontaire n'y soit plus représentée. Il nous semble, comme à M. Bazot, à Rauter, à Merlin, aux vieux commentateurs des pandectes, que certains actes nous ont conservé la tradition romaine. L'émancipation, par exemple, se réalise aujourd'hui, comme jadis, par une simple déclaration du père, ou, à défaut, de la mère devant le juge de paix (1). Cet acte est bien volontaire, sans nulle équivoque : le magistrat se borne à enregistrer la volonté de l'émancipateur, vérification faite des conditions légales. Tel est encore le caractère de l'ouverture des testaments par le Président du Tribunal, de l'ordonnance concernant l'envoi en possession de l'héritier testamentaire.

M. Bertin a rejeté cette distinction un peu promptement, nous semble-t-il, et sans en donner de très bonnes raisons : « Lorsque le magistrat, nous dit-il, « est nommé pour faire un règlement d'ordre ou de « contribution, lorsqu'il donne acte d'une prestation « de serment, lorsqu'il assiste à une audience et « déclare adjudicataire le dernier enchérisseur, lors-« qu'il dirige le jury d'expropriation, lorsqu'il rend « des ordonnances sur requête, il est évident qu'il ne

(1) 477 C. c.

« juge pas ; s'il ne juge pas, il **administre**. » Tout dépend du sens que l'on attache à ce dernier mot. On peut lui faire comprendre une série de fonctions très diverses ; *lato sensu* l'administration de la justice s'entend même de la solution des litiges. Il nous paraît, quant à nous, qu'une autorisation, une homologation, actes laissés à l'entière appréciation du magistrat, ne sont pas de même nature que le donné acte d'une prestation de serment, un procès-verbal d'adjudication ou de conciliation, l'enregistrement d'une déclaration d'émanciper. Le rôle du magistrat est tout différent, et le pouvoir juridictionnel mis en jeu l'est par suite. Dans les derniers cas, le magistrat se borne, somme toute, à constater, et *doit* le faire, sur la réquisition des parties, à la seule condition que leur volonté ne soit pas contraire à la loi. Son rôle se rapproche beaucoup plus de celui des notaires et autres officiers publics que de celui d'un administrateur véritable.

Nous avons constaté, dans notre ancien droit, l'existence de ces deux catégories d'actes, et les efforts vainement faits par les juristes, pour ramener l'ensemble des actes non contentieux, à la notion de juridiction *volontaire*. Les partisans de la juridiction *gracieuse* semblent avoir été plus heureux. Mais de ce que cette notion et les règles qu'elle comporte sont assez larges pour ne pas sembler contraires à la nature des actes volontaires proprement dits, il ne résulte pas que cette seconde classe n'existe pas, et n'ait pas droit à notre attention.

Etudions un peu, de près, l'application de cette distinction à l'ensemble des actes non contentieux.

Actes de juridiction gracieuse. — Nous entendons par autorisation, homologation, une approbation émanant d'une autorité judiciaire, et mise par la loi comme condition à l'exercice de certains droits, dont un individu a la jouissance.

Cette condition est exigée dans un but de protection, tantôt pour l'incapable qui la requiert, tantôt pour le tiers que vise l'exercice du droit invoqué. Elle ne confère et ne reconnaît aucun droit, (1). Aussi son absence n'engendre-t-elle ordinairement qu'une nullité relative à l'individu protégé.

Telles sont les ordonnances du Président autorisant sur requête des saisies, une assignation à bref délai, etc., ou les décisions du Tribunal homologuant un avis du conseil de famille, les conventions matrimoniales de l'enfant d'un interdit, etc.

Quid de l'*exequatur* donné aux jugements étrangers (2)? Les civilistes ne sont pas d'accord sur la nature de cet acte. Suivant certains, ce serait un véritable jugement, analogue à un appel : l'*exequatur* serait le résultat d'une complète révision. Un autre système, moins en faveur dans la jurisprudence, re-

(1) V. Suprà, p.
(2) 2123 C. c.

connaît au jugement étranger l'autorité de chose jugée, et transforme l'*exequatur* en un simple contrôle de la régularité quant aux formes, et de la conformité à l'ordre public quant au fond; le refus aboutit simplement à l'inexécution, à l'annulation du jugement (1). Dans cette doctrine, à laquelle nous nous rallions, l'*exequatur* devient une homologation.

Quant à l'adoption, l'on sait qu'elle exige une sanction judiciaire, vérifiant si les conditions légales sont remplies et si l'adoptant jouit d'une bonne réputation (2). Il y a divergence sur le point de savoir quel rôle jouent, au point de vue du contrat, les décisions des tribunaux. Ne sont-elles qu'une simple homologation, ou bien ont-elles une part à la formation du lien adoptif? La majorité des auteurs et la jurisprudence y voient une condition de forme, ce qui les rattache à la première catégorie. — En effet le Code n'en parle que sous la rubrique des formes. De plus l'engagement existe entre les parties du jour de leur contrat. Enfin ce qu'on pourrait considérer comme l'exécution de la sentence, l'inscription sur les registres de l'état civil, demeure à la discrétion des parties, qui font transcrire leur contrat, et non le jugement 3).

Le caractère tutélaire domine dans tous ces actes. Ils comportent, à raison de cette nature, une grande

---

(1) Laîné, à son cours de Droit International privé, 1890-91.
(2) 355 à 358 C. c.
(3) Baudry-Lacantinerie, *Précis de droit civil*, T. I, n° 951.

lalitude de la part du juge quant à l'information et à la décision. Il accorde ou refuse son approbation; souvent même il la subordonne aux conditions que la prudence lui suggère. Aussi ne peut-on vraiment les qualifier de volontaires, au regard des parties. Ils sont subordonnés au consentement du magistrat.

Ne contenant aucune reconnaissance de droit, ni quant au requérant, ni quant aux tiers, ils laissent à part la question de la jouissance du droit dont ils visent l'exercice. Aussi ne sont-ils susceptibles d'aucun recours de la part des tiers, qu'ils ne peuvent léser. Ceux qui contesteraient le droit exercé, porteront la question au contentieux par voie principale.

Ces prétendus « jugements » ne constituent même pas chose jugée vis à vis du requérant. En effet l'exception de chose jugée est toute relative aux parties, et le tribunal ne saurait l'opposer d'office. Sa décision ne contient d'ailleurs aucun ordre, mais une simple autorisation d'exercer un droit. La requête peut donc être proposée de nouveau au tribunal; et cela est très juste, car ce dernier ne statue que sur une question d'opportunité, d'utilité : or les intérêts qui lui sont confiés peuvent varier (1).

Ces actes sont-ils susceptibles d'appel de la part du requérant ? On l'admet pour les décisions de la Cham-

____

(1) Chambre du Conseil de la Seine, 15 mars 1845 (rapporté par Bertin, *Chambre*, n· 27.)

bre du Conseil. En effet la loi n'a pas dérogé en notre matière au principe du double degré de juridiction; les art. 885 C. Pr. et 357, 358 C. C. en témoignent formellement. L'appel est également admis de la part du ministère public dans les cas où la décision intéresse l'ordre public (1). Pour les ordonnances sur requête, la question de l'appel est résolue négativement par M. Bertin, en raison de leur caractère provisoire (2). Mais cette solution, qui domine dans la jurisprudence (3), nous semble contradictoire à la précédente, et non fondée, en présence des pouvoirs laissés au juge.

Quant au pourvoi en cassation, il n'est pas limité par le Code aux sentences rendues sur contentieux. Mais il faut reconnaître que son application semble difficile en notre matière : « il n'y a ni droit, ni obligation, ni demandeur, ni défendeur, ni débats, ni procédure, ni motifs (4) ». Cependant, faute d'un autre recours, on l'a préconisé contre les ordonnances sur requête : mais un arrêt de la Cour suprême (5) a rejeté cette doctrine : car si l'ordonnance elle-même est sans recours, la mesure autorisée peut toujours, elle, être attaquée devant la juridiction ordinaire, ainsi que nous l'avons exposé (6).

(1) V. Bertin, *Chambre*, numéros 65 et s , et d'une façon génarale, sur les actes tutélaires, les numéros 64 à 72.
(2) Bertin, *Ord. sur req.*, numéro 85.
(3) Glasson, note dans Dalloz, 1883, 2, p. 67.
(4) Laurent, D. *principes de Droit civil*, t. IV, §§ 217 à 220.
(5) Cass., 16 mai 1860; Sirey, 1861, 1 p. 181.
(6) V. supra, p. 74 et suiv.

Telles sont les principales règles de fond qui ré-
gissent les autorisations et homologations. Les règles
de forme, tirées par analogie et raisonnement de
certaines procédures particulières, comme celle qui
est organisée par les art. 885 et 886 C. Pr., peuvent
se résumer ainsi, d'après M. Bertin, pour la Chambre
du Conseil: introduction de la demande par requête,
commise à un juge rapporteur et communiquée au
ministère public qui donne ses conclusions par écrit;
décision prise en Chambre du Conseil, sauf prescrip-
tion contraire de la loi (1). Quant au Président, il rend
sur requête son ordonnance, laquelle est dispensée du
ministère du greffier, et peut être rédigée même à
domicile (2).

Des actes tutélaires, dont nous venons de parler,
nous rapprocherons une série d'actes, où le magistrat
intervient, toujours sur une requête et dans un but
de protection, mais ne se contente pas d'une simple approbation, et prend par lui-même des mesures en vue
de sauvegarder les intérêts que la loi lui confie. Le
caractère administratif est donc, ici, un peu plus déve-
loppé. Nous voulons parler des nominations d'admi-
nistrateurs, de tuteur *ad hoc* en cas de désaveu, de
curateur à la personne; des commissions donnéesaux
notaires pour représenter des parties, etc.

(1) Bertin, *Chambre*, nᵒˢ 3 et s.
(2) Bertin, *Ord. sur req.*, nᵒ 13.

Toutes ces décisions confèrent une situation particulière à la personne désignée. Mais dans l'opinion générale elles ne contiennent pas d'ordre ni de contrainte. On peut les analyser en une sorte de mandat judiciaire, ayant pour but la garantie d'incapables ou l'exercice de droits en souffrance. Ils n'ont trait qu'à un état de fait et laissent de côté toute question de droit. Ils ne sauraient, pas plus qu'un mandat ordinaire, créer un droit irrévocable en faveur du mandataire.

Tous ces caractères les rapprochent, croyons nous, suffisamment des actes précités pour que nous puissions avec M. Bertin, leur reconnaître la même nature. Nous ne voyons pas du reste que l'application des principes énoncés plus haut fasse ici la moindre difficulté. Les actes d'administration et de tutelle judiciaire formeront donc le contingent de la juridiction gracieuse, caractérisée par son but administratif, par la latitude d'action et d'appréciation laissée au juge.

Actes de juridiction volontaire. — Mais il existe également, avons-nous dit, des cas où le magistrat est tenu d'accéder à la requête à lui présentée. S'ils sont relativement peu nombreux, ce rôle passif ne répondant pas à notre conception du magistrat, il en demeure un certain nombre, et peut-être faut-il y voir le secret de certaines difficultés d'application que rencontre la doctrine de M. Bertin, surtout en matières d'ordonnances.

Quand le magistrat ne juge pas, il administre, a-t-on dit. Pardon! il y a des cas où il se borne à constater, à produire un témoignage authentique, tout comme un simple officier public. Que sont les procès verbaux de conciliation, de conseil de famille, d'enquête, d'adjudication (1), le donné acte à l'audience, l'ouverture des testaments, l'apposition des scellés ; enfin l'émancipation? Dans tous ces cas, l'intervention du magistrat n'a pour but que d'apporter à l'acte ce caractère d'authenticité et de solennité imprimé par l'officier public dans l'exercice de ses fonctions. Et nous persistons à qualifier son rôle de passif, car il doit obéir à la requête qui lui est présentée dans les conditions déterminées par la loi. C'est en ce sens et au regard des parties que l'acte peut être qualifié de volontaire.

L'émancipation, notamment, n'est qu'un simple acte authentique, une déclaration reçue par le juge de paix (2) Le contrat d'adoption lui-même n'est pas autre chose (3) ; seulement il lui faut en plus une homologation, distincte, dont nous avons parlé (4).

Si ces actes sont attribués au juge de paix, au lieu de l'être au notaire, c'est qu'en France la surveillance de

(1) Improprement appelé jugement l'orsqu'il ne statue pas sur un incident contentieux.

(2) 477 C. c.

(3) 353 C. c.

(4) V. p. 86. Il est intéressant de remarquer que l'émancipation s'est transmise à nous telle qu'en droit romain, quand aux formes, tandis que l'adoption, moins conforme à nos mœurs, a subi cette modification qui en fait un acte mi-volontaire, mi-gracieux.

l'état civil des personnes est confié aux magistrats de l'ordre judiciaire.

Pour la même raison, l'individu autorisé par décret à changer son nom doit demander au Tribunal une décision autorisant l'inscription de ce fait sur les registres de l'état civil. Cette autorisation de la Chambre du Conseil n'est en réalité qu'un enregistrement, selon nous, car l'exercice du droit de l'individu n'y est pas mis en question. C'est un devoir si absolu pour le magistrat de déférer à la requête présentée en de telles conditions, qu'elle ne saurait être rejetée sans un véritable abus d'autorité.

Et c'est encore dans la même catégorie d'actes que nous rangeons les ordonnances permettant de citer en conciliation, avant une instance de séparation de corps ou de divorce. Sans doute il s'agit d'une autorisation, et le but de la loi est de soumettre l'exercice du droit à une surveillance qui se traduira par les sages conseils du Président. Mais ce dernier n'ayant sur le bien fondé de la demande aucune liberté d'appréciation, son acte se réduit, en fait, à une constatation de la volonté persistante du réquérant : l'acte est entièrement volontaire, en ce qui concerne ce dernier.

De tels actes, nous semblent différer sensiblement des actes gracieux proprement dits. Autant ceux-ci se rapprochent des actes administratifs, autant ceux-là ressemblent aux actes authentiques rédigés par un notaire ou un officier de l'état civil.

C'est ainsi qu'un recours portant sur la question de fait, à l'encontre de ces décisions, serait une véritable inscription de faux, puisqu'elles ne contiennent qu'une constatation (1). En vertu de la même raison, ils ont *erga omnes* une existence autre que celle d'une simple appréciation n'ayant pas force de chose jugée. Pour tout dire en un mot, ce sont des actes authentiques.

Des auteurs ont même été, sous cette impression, jusqu'à méconnaître en eux le caractère juridictionnel. C'est ainsi que les fonctions du juge de paix siégeant comme conciliateur, président du conseil de famille, etc., sont communément dites extrajudiciaires (2). Nous croyons cette expression impropre. Le juge de paix, comme le président du tribunal, est investi de ces prérogatives en tant que fonctionnaire de l'ordre judiciaire. En cette qualité, seule ses actes revêtent un caractère juridictionnel. Notre raisonnement à cet égard est celui que nous avons tenu vis-à-vis des actes d'administration (3). Il n'y a point de raison pour accorder aux uns ce que nous refuserions aux autres. A la vérité les actes d'administration judiciaire, comportant l'exercice d'une autorité, répondent mieux à notre conception de la magistrature. Mais refuser le titre de juridictionnels à des

---

(1) V. Feuzier-Hermann, *Répert.*, v° *Appel civil*, n°s 80 et s., 1212, 1226.

(2) Boitard, *Cours de Proc.* n° 45.

(3) V. *supra*, p. 62 et s.

actes attribués, pour des raisons de convenance, aux
uges, serait nous poser en redresseurs de la loi, ce
que nous n'avons pas mission de faire.

Nous maintenons donc pour ces actes la rubrique
de « juridiction volontaire ». Au reste, en les cata-
loguant ainsi, nous n'inventons pas. Nous ne faisons
que leur reconnaître le titre qu'ils ont porté depuis
l'antiquité,

Une conséquence de ce titre sera que le refus, par
le magistrat, de prononcer ou d'agir conformément à
la loi. sera réprimé comme un déni de justice ; et
qu'une décision rejetant la requête comme non fondée
en droit, serait possible d'appel, seul mode d'attaquer cet excès de pouvoir (1).

Mais sur le point de fait, nous le répétons, à la différence de ce qui existe en matière gracieuse, aucun
recours ordinaire ne se conçoit : d'autant que rien ne
fait obstacle, en cas de rejet, à ce que l'impétrant
renouvelle sa requête.

---

(1) Le point de droit, en effet, est susceptible d'appel, et, si la
sentence est rendue en dernier ressort, de pourvoi en cassation dans tous les cas : ceci est du caractère de l'acte juridictionnel.

CONCLUSION

Ayant délimité notre sujet et restreint notre étude
aux actes de procédure servant des intérêts privés,
nous avons cru démontrer, tant par l'historique des
doctrines que par l'analyse approfondie des actes
non contentieux, l'impossibilité de grouper tous ceux-
ci en une seule catégorie, définie par des caractères
positifs.

Mais, nous attachant à la nature des décisions rendues, nous avons établi la division suivante :

1° Le magistrat juge et contraint : juridiction contentieuse.

2° Le magistrat décide et permet : administration
et tutelle judiciaires ou juridiction gracieuse.

3° Le magistrat constate, ou agit comme instrument légal de la volonté du requérant : juridtction
volontaire.

Nous avons montré rapidement, au cours de notre
travail, la portée de ces distinctions. Il ne nous reste
plus qu'à souhaiter, avec M. Bertin, la disparition,
dans la pratique, des erreurs et des contradictions
existant de nos jours encore.

7

L'auteur de tant de travaux remarquables sur la juridiction non contentieuse, a donné en quelque sorte comme épilogue à son œuvre un « *Projet de loi* « *sur la Chambre du conseil et les autorisations sur requête* » (1). avec un exposé des motifs, que nous avons sous les yeux.

La doctrine de MM. de Belleyme et Bertin a déjà mérité l'attention de l'autorité supérieure et du législateur (2). Nous admettons qu'il reste encore à faire dans cette voie. Il peut être utile qu'une loi vienne fixer le fonctionnement de la Chambre du Conseil; que l'on comble, sur tel ou tel point de détail, une lacune de procédure; que l'on cesse d'employer indistinctement les termes de jugement et d'ordonnance, lesquels ne s'appliquent exactement qu'en matière contentieuse, et exposent à des confusions regrettables dans l'état actuel de nos Codes (3).

Mais nous devons revendiquer, comme étant du domaine de la théorie pure, les questions telles qu'un aperçu de ce qu'on appelle la juridiction gracieuse (4), de son objet et de ses limites (5). C'est au juriscon-

(1) Chez Pédone — Lauriel, Paris, 1876.

(2) Autorisation du Garde des Sceaux (1854) et loi des 18-19 juillet. 1892, touchant l'organisation de la Chambre du Conseil au Tribunal de la Seine, et loi du 2 juillet 1893, conforme à cette doctrine. V. dans Bertin, Chambre, I, p. 10 à 14, des tentatives législatives plus complètes .

(3) Bertin, *Projet de loi*, p. 9 et s., 25 et s.

(4) Bertin, *Projet de loi*, a. 3.

sulte que revient la mission de grouper en un corps de doctrine et par des vues d'ensemble les dispositions spéciales éparses dans nos lois; (1) c'est à lui de reconnaître et de déterminer la nature des actes juridictionnels. Empiéter sur ce domaine serait pour le législateur s'exposer inutilement à commettre des erreurs. Ces théories doivent rester dans le champ de la discussion, comme susceptibles de varier, ce dont la présente étude apporte, nous l'espérons, quelque preuve.

(1) ib. a.1, 8, 9,

Vu : *Le Président de la thèse,*
A. ESMEIN

Vu : *Le doyen de la Faculté.*
COLMET DE SANTERRE.

VU ET PERMIS D'IMPRIMER :
Le Vice-Recteur de l'Académie de Paris,
GREARD.

TABLE DES MATIÈRES

TABLE DES MATIÈRES

TABLE DES MATIÈRES

Imp. G. Saint-Aubin et Thevenot. — J. Thevenot, successeur, Saint-Dizier (Hte-Marne).

www.ingramcontent.com/pod-product-compliance
Ingram Content Group UK Ltd.
Pitfield, Milton Keynes, MK11 3LW, UK
UKHW020310130726
13696UKWH00003B/984